自衛隊の「犯罪」

雫石事件の真相！

元自衛隊空将
南西航空混成団司令
佐藤　守

青林堂

［目次］

はじめに――「雫石事件」を知っていますか？

皆さんは、昭和四六年に全日空のボーイング727型旅客機と、航空自衛隊のF86F戦闘機（以下86F）が接触したこの事故を知っていますか？

講談社から出ている『歴史エンタテインメント＝昭和戦後史（下）』（古川隆久《ふるかわたかひさ》著）には「雫《しずく》石《いし》空中衝突事故」と題して、次のように解説されています。

《「ばんだい号」墜落から間もない七月三〇日午後二時過ぎ、今度は岩手県雫石町上空で、乗員乗客一六二人を乗せた千歳発羽田行き全日空ボーイング727型機（以下B727）に、訓練飛行中の**航空自衛隊のジェット戦闘機が衝突した。**

自衛隊機の操縦士はパラシュートで脱出して無事だったが、全日空機は空中分解して乗員乗客全員が死亡し、遺体が広範囲に飛散する大惨事となった。当時としては、世界航空機史上最大規模の事故だった。

原因は自衛隊機が民間航空路上で訓練をしていたことで、しかもその危険性は十年前から行政管理庁が指摘しており、明らかな人災であった。当然、自衛隊への批判が沸騰、自衛隊も責任を認め、増原恵吉防衛庁長官は引責辞任した。以後、民間航空路と自衛隊の訓練空域は分離された。尊い犠牲を払ってようやく改善が実現したのである。乗客のうち一二三人は北海道への団体観光旅行から帰る途中の静岡県富士市の軍人遺族会の老人たちであった。彼らにとっては、戦争につづき、二度も国家によって災厄をこうむったことになる》

しかし、これは全く事実に反します。既に事故直後にはB727の左水平尾翼が、86Fの右主翼をほぼ真後ろから切断したことを示す明確な証拠が発見されていたので、B727が86Fに「追突」したことは歴然としていたのですが、盛岡地裁の第一審でなぜか自衛隊が有罪にされたのです。

間違った事故調査によって、二人の自衛隊パイロットが裁判にかけられましたが、追突されパラシュート降下して生還した訓練生は仙台高裁で無罪が確定したものの、奇妙なことに離れた位置で指導していた教官が有罪になったのです。この奇妙な「自衛隊の〝犯罪〟事件」の真相についてこれから詳しく分析していくのですが、その前に最近の事例のいくつかについて見ていくことにします。

一、イージス艦『あたご』事件の裁判で被告は〝無罪！〟

平成二〇年二月一九日に、千葉県野島崎沖でイージス艦「あたご」とマグロ延縄《はえなわ》漁船「清徳《せいとく》丸《まる》」が衝突し、清徳丸に乗っていた漁師と長男が行方不明になったいわゆる「あたご事件」で、平成二三年五月一一日、横浜地裁は被告となった二人の海上自衛官に無罪判決を言い渡しました。

秋山敬《あきやまけい》裁判長は判決理由で「清徳丸が右転して衝突の危険が生じた」との弁護側主張を認め、「あたごには回避義務がなかった」と認定。「検察側が特定した清徳丸の航跡は正確さを欠き、特定方法に極めて問題があったと言わざるを得ない」と指摘、検察側が航跡の根拠とした僚船船長の供述調書について「小型船（僚船）の方位は刻々と変化し、船長の証言からは清徳丸の位置を特定できない。検察側は船長らの証言を恣意《しい》的に用いている」と捜査のあり方を批判、さらに裁判長は、事故直前の当直責任者だった二人の海自幹部の誤った引き継ぎと監視不十分な点は認めたが、「あたごに回避義務がないので、2被告が注意義務を負っていた証明はない」と検察側の立証を否定した上で「事故原因は漁船にある」と判断、行政処分などを決める海難審判と大きく異なる結論を導いた上、捜査のあり方にまで疑問を投げかけたのです。

産経新聞は「検察側の立証は公判段階でほころびが目立ち、事実上崩れさっていた。「あたごの過失ありき」で客観的な検証を怠ってはいなかったか。真摯な反省が求められる」と書きましたが、私はこれを読んで雫石事件もこうあるべきだった、と感慨深いものがありました。

この秋山裁判長の「検察側は船長らの証言を恣意的に用いている」という指摘は、そっくりそのまま四十一年前の雫石事故での事故調（事故調査委員会）、検察、裁判所に対する批判に通じます。

今回の二人の被告は「真実に向き合わず、われわれを断罪しようとした横浜地検を許すことは出来ない」「検事は法律と捜査のプロ。（航跡図などで）平気で嘘をついており、許せない」「地検は有罪ゲームに勝つだけの組織なのか。公益の代表者とは何か、判決を読み返して考えてほしい」と訴えましたが、隈《くま》太《た》茂《も》津《つ》一尉が生きていれば、きっと同じことを言ったと思います。雫石事件では後で新証拠が出たにもかかわらず、全く取り上げられることなく、彼が有罪になったからです。

今までの〝愛される自衛隊〟は、メディアにたたかれると卑屈にも沈黙して、身内を人身御《ひとみご》供《くう》に供して一時しのぎ的にその場を逃れる傾向がありましたが、これからはそうはいかなくなるでしょう。一国の〝軍隊〟が、軍事的常識に欠けた組織によって調査され、メディアの意図的？　な反自衛隊報道で一方的に〝犯人扱い〟されてきた自衛隊側が、今回初めて〝勝った〟のですから……。

潜水艦「なだしお事件」でも、遊漁船側の回避操作不良を無視して自衛隊側の責任にされ、「泣き寝入り」を強《し》いられてきましたから、今回の「あたご裁判」は私には画期的な出来事に思えます。

事故調査には「事故の真相追究と再発防止」が、裁判には「正義」が求められます。自衛官だから言いたいことも言えずに裁判が不利に作用する、という不公平から脱皮すべき時が来たのです。

自衛官も人間であり、漁業関係者と同じくまじめな日本人です。正当に評価されずとも、それに耐えられるほどの聖人君子ばかりではありません。身内の口を塞《ふさ》いで「自らの保身」を優先させる、つまり「一将功なりて万骨枯れる」ような〝組織防衛〟優先時代は終わりにしなければならないのです。

結論から申し上げると、雫石事件裁判は「冤罪《えんざい》」、隈一尉は無罪なのです！

それは、①非科学的分析を多々抱える政府事故調査報告書に基づき、②3次元空間における航空機の相対的な動きなどの理解能力に欠ける裁判官が、③反自衛隊感情をむき出しにしたマスコミが誘導した風潮と、④直後に明らかになったロッキード事件にまつわる政治がらみの圧力に押されて、無理やり判決を急いだものだからです。

さらに付け加えるならば、全日空社が事故の補償を負担することになれば、昭和六〇年八月一二日にB747が御巣鷹山《みすたかやま》に墜落して五二〇名もの犠牲者を出した日本航空のように倒産の危機にさらされる。これは同社に天下りしている運輸官僚達にとっては是が非でも防がねばならない喫緊《きっきん》の課題でしたから、政治家の力を借りて防衛庁（当時）・航空自衛隊側の一方的な責任にさせ、国に全額補償させて生き延びる、そんな陰謀がめぐらされた〝事件〟だったといえるでしょう。

二、露呈した運輸安全委員会を抱える国交省の体質

平成二二年に起きた海保（海上保安庁）のヘリ墜落事件で、運輸安全委員会を抱える国交省（国土交通省）の体質について、同年八月二二日、読売新聞は「デモ飛行隠し本部長承諾」という記事を掲載しました。

《第6管区海上保安本部広島航空基地（広島県三原市）のヘリコプター「あきづる」が香川県沖に墜落した事故で、デモンストレーション飛行の合間に事故が起きた経緯を当初明らかにしなかったことについて、林敏博・本部長ら幹部が事故当日の18日夜に協議し、公表しないことを決めていた事が分かった。林本部長は21日午後、記者会見し「情報提供が不十分だった。多大な迷惑をかけたことを深く反省しお詫びする」と陳謝した。（中略）

林本部長らによると、事故発生から約7時間後の18日午後10時15分頃、6管幹部が広島航空基地に問い合わせ、飛行目的の一つに、体験航海の司法修習生ら向けのデモ飛行があったことを把握。その後、林本部長と中村次長ら幹部5人ほどで対応を協議、「デモ飛行の場所は現場から約17キロ離れており、事故とは関係ない。一般的な業務で、公表する必要はない」と決め、最終的に林本部長が承諾したという》

三面でも大きく取り上げ、「訂正、撤回……会見22回」「6管隠蔽《いんぺい》」と、林本部長が「隠蔽ではない」と弁解したことを伝えましたが、社説では「原因究明を阻む悪質な隠蔽だ」として「原因調査の妨害行為にほかならない」と決め付けました。

社説は、1、海保の業務を理解してもらうためのデモ飛行は意味がある（隠す必要はない）。2、それを国交省運輸安全委員会の調査官に伏せていたのが問題である。3、さらに6管本部長ら幹部が集まり、デモ飛行は公表しないと決めていた。4、最初にデモ飛行を認めた時は「総務課長個人の判断だった」ことを強調し、本部長らは無関係だったとする二重の隠蔽をしていたこと、が問題だとしているのです。

さらに「任務遂行《すいこう》中に殉職《じゅんしょく》した職員や遺族の事を考えれば、決してできない行為である。国交省としても6管の本部長以下の責任を厳しく問うべきだろう」とし、「運輸安全委は、隠蔽の理由や事故の真相を徹底的に解明する必要がある。ＪＲ西日本の脱線事故の調査では、調査情報をＪＲ西に事前に漏らすという、調査機関にあるまじき失態があった。海保と同じ国交省の組織だからといって、少しでも手加減するようでは信頼は地に落ちる。再発防止のためには乗務員の操縦だけに目を向けず、飛行の安全体制など、海保や6管に対する調査も厳正に行うべきである」と説きました。しかし三十三面にある二一日午後の本部長記者会見報道は、一般国民には理解できないことでしょう。

「なぜ、嘘をついたのか？」という記者の質問に、本部長は「分かった事実すべてを発表する必要はない。質問もなかったので、言わなかった。その判断に問題はないと思っている」と答え、「世間の常識と海保の常識は違う部分があるのかもしれない」と言ったというのです。

海保ＯＢの辺見正和《へんみまさかず》氏は「５人が亡くなった重大な事故であり、どういう状況だったかを含めて、フライトの目的は隠し立てせずに説明すべきだった。それが再発防止にもつながる」と述べていますが、本部長には「殉職した部下や遺族」「事故再発防止」という意識は欠落していたというべきです。

服部孝章《はっとりたかあき》立教大教授は「飛行目的は事故の背景の重要な情報であり『事故と関係ないと判断した』という6管幹部らの発言は、保身と受け取られても仕方がない」と指摘した上で「当局が情報の隠蔽を図ったケースは他にもあるが、情報公開で市民の理解を得ようとする姿勢に乏しい体質が、今回も浮き彫りになった」としています。

「保身」「隠蔽体質」……などなど、事故調査を妨害する言葉がこの事故でも飛び出しましたが、事故調査委員会を持つ国交省全体の体質がこれでは、とても事故原因の解明は無理でしょうし、犠牲者は浮かばれないと思います。

産経新聞は八月二四日の「主張欄」で、「隠蔽は不信しか生まない」として、「国土交通省は厳正な調査と処分を断行し、海保組織のあり方について根本から見直すべきだ」と叱責《しっせき》し、「一体、この組織はどうなっているのか、とあきれる。（中略）海保が日本の海を守り、過酷な海難救助に当たる重大な任務を担っていることには敬意を表したい。だからこそ、今回の隠蔽は残念でならない。情報の開示こそが信頼を生み、事故の再発防止にもつながる事を強く再認識する必要がある」と結びました。

海保を擁《よう》する国土交通省（旧運輸省）には、運輸安全委員会もありますから、このような「体質」を見れば、かなりの部分が「ナ〜ナ〜」の世界だったのではないか？　と疑われても仕方がないでしょう。

ヘリ墜落事故、ＪＲ西日本事件、あたご事件、なだしお事件、そして雫石事件と、疑わしい事故調査、ならびに関連裁判は、その〝体質〟に全てがつながっているように見えるからです。そして今年五月に関越道で起きたツアーバス事故では、総務省が無理な運航計画を改善させるよう勧告していたにもかかわらず無視し、とうとう異様な運航実態がクローズアップされましたが、この組織は、何を基準にして事故調査をし、業者を監督していたのでしょうか？

三、「航空機事故『補償』の今昔後日談」（週刊新潮：昭和六〇年三月一四日号）

《航空機事故といえば、古くは昭和二七年、三原山に墜落した木星号事件から、五七年、問題の片桐機長による日航機羽田沖墜落事故まで、その数は少なくない。が、その中で、いまだに事件の〝真相〟をめぐる争いが続いているのが、四六年七月の雫石事件である》とリードにあり、記事では航空事故の補償問題を鋭く突いています。これは奇《く》しくもＪＡＬ１２３便墜落の五ヶ月前の記事です。

《航空機事故といっても、通常は民間航空機による単独事故の場合が多い。事故の原因がどこにあったにせよ、墜落事故を起こした航空会社が第一の責任を負い、遺族に補償金を支払い、コトは一件落着ということになる。が、雫石事件の場合は、全日空機と自衛隊機の接触から起こった事故であり、全日空機側は機長を始め乗員、乗客百六十二名が全員死亡。一方、自衛隊機の二人（筆者注：実際は追突された訓練生一人だけ）のパイロットはパラシュートで脱出し、生き残った。

　そして、全日空機と自衛隊機のどちらに事故の責任があるかが争われることになった。といっても、刑事事件としての決着は、すでについている。自衛隊機の操縦に当たっていた訓練生の市川良美二曹と教官の隈太茂津一尉の二人が業務上過失致死罪と航空法違反で起訴され、一審の盛岡地裁では隈被告に禁固四年、市川被告に禁固二年八月の実刑判決が下された。二審判決では教官である隈被告の責任を重視し、訓練生である市川二曹は無罪、隈被告は控訴棄却。

そして五八年九月の最高裁判決で、隈被告は禁固三年、執行猶予三年となり、刑が確定した。市川二曹は現在も自衛隊に在籍（筆者注：昭和六〇年当時）しているが、隈一尉は自衛隊を失職し、郷里の九州・福岡で焼き鳥屋として第二の人生を送っている。しかし、自衛隊側は、あくまで「全日空側に責任あり」の姿勢を崩していない。

余談めくが、雫石事件は、航空機事故補償における遺族のエゴイズムの猛烈さを見せ付けられたケースでもあった。犠牲者百六十二名のうち百二十五人が静岡県富士市の団体旅行客で、富士市には〝団体遺族〟が生まれたのだが、その評判は芳しくなく、地元記者氏によると、「相手が自衛隊だけにやりたい放題でしたね。自衛隊では遺族班というのを結成し、各遺族の法要の手伝いに出向いたり、一生懸命にやっていましたが、遺族の方は隊員に嫌がらせのために水をぶっ掛けたり、中には、ちょうど茶摘みの時期だったために、隊員を呼び出して手伝わせた遺族もいましたね。事故当時、たまたま古い家を壊して家を新築する遺族がいて、古い家の解体作業を隊員にやらせるというケースもありました」

という遺族への苦々しい思い出があったためでもないのだろうが、ともかく自衛隊側は「事故の責任は全日空側にあり」という立場から、国を仲立ちとして全日空側に対する民事訴訟を起こした。航空業界の事情通氏の解説によれば、「国側の主張は〝事故の責任は全日空にあり、百六十二人の遺族に支払った補償金約十七億円、一人平均一千百万円は、国が立て替えて支払ったのだから、その分を返せ〟という訴訟を起こしたわけです。一方、全日空側は保険会社十社と共に事故処理に使った費用と、機体保険料約二十四億九千万円を国は支払えと逆告訴したんです」

残されたフィルムの〝ナゾ〟

そして五三年九月の民事の一審判決では、自衛隊機の責任が六割、全日空機の責任が四割と認定された。要するに国が立て替えた遺族補償分については全日空側が四割を負担し、機体保険料については六割を国が負担せよ、というわけである。この民事訴訟は二審において現在も係争中なのである。

さる自衛隊OBによれば、「一般には自衛隊機が訓練空域を逸脱し、全日空機の飛んでいたルートに突っ込んだかのようにいわれていますが、種々の資料などから見て、実際には全日空機が逆に自衛隊の訓練空域に侵入していたのではないかという疑いが、強まっているんです。それに事故直後の新聞報道などでは、全日空機に自衛隊機が突っ込んでいったかのように伝えられましたが、これも実際には前を飛ぶ自衛隊機に後から全日空機が突っ込んでいったわけなんです。つまり、前方を普通に見ていたなら、当然、気がつくはずの自衛隊機に全日空機は気がつかなかった。事故のあった日は視界もよく、それでいて前方の自衛隊機が目に入らなかったとすれば、全日空機のパイロットは自動操縦の状態にセットし、食事でもしていたとしか考えられません」

加えて、最近、〝焦点〟の一つになっているのが、一本の8ミリフィルムの存在である。二月十八日の朝日新聞も、このフィルムの存在に触れているが、さる航空ジャーナリストは、「このフィルムは乗客が撮影していたとして、全日空側が民事の法廷に出してきたもの。全日空側は映っている風景などから解析して、全日空機が正規ルートを飛んでいる事を証明しようとした。ところが、国側の鑑定では、フィルムには田沢湖が映っている個所があり、そこから航跡を解析すると全日空機は自衛隊の訓練空域に侵入していた疑いがあるというんです」

このフィルムが、今後の法廷の争点の一つになるというのだが、全日空側は当然ながら、「はっきり申上げますと、今頃、何故『朝日』であの8ミリの問題が取り上げられたのか分かりませんよ。田沢湖が映っている、いないの問題にせよ私は疑問を持っています。ともかく映像を見ればすぐ分かりますよ」(窪田陽一郎・法務課長)

いずれにせよ、雫石事件の〝真相〟をめぐる争いには、いまだに全面的な決着はついていないのである。

雫石事件の民事訴訟では、事故の補償金額の手の内を見せる結果にもなったのだそうだ。先の航空業界の事情通氏によると、「本来、民間機事故の場合、実際に支払った補償金は公式には発表されないのが建前なんですが、雫石事件の民事訴訟では、国側の補償金額の根拠として〝四十一年の全日空松山事故では五百万から八百万円〟〝四十六年の東亜国内航空の『ばんだい号』事故では一般男子一千二百万円、一般女子一千万円、七十才以上の老人九百万円、二十歳前の子供に対しては七百五十万円を支払っている〟と、金額を明示しているんです」

二十七年の木星号事故当時は百万円程度といわれる補償金相場が、一千万円の大台に乗っている事実が天下に公表されてしまったのだという。

それに国が相手だけに雫石事故の遺族からの要求が、更に補償相場を引き上げることにもなったらしい。そして、その後、相場はウナギ上り、五十七年の片桐機長による日航機の羽田沖墜落事故では「一億円近くの金額」になったといわれている。

そして刑事事件としては日航幹部と嘱託医が不起訴処分となったが、今年二月六日に「遺族、被害者の会」は、不起訴処分を不服として東京検察審査会に審査申立てを行った。この羽田沖墜落事故も、依然として最終決着はついていないのである。》

少し長くなりましたが、この記事を読めば、雫石事件の真相の一部が理解できたことでしょうし、また「あたご事件」での漁船側の態度が補償金問題と無関係だとは思えなくなるでしょう。

事件の捜査を担当する検察の正義、並びに法の番人である裁判の公正を信じている一般国民にとっては、厳正な国家機関がまさかそんなはずはあるまいと思われるでしょうが、その期待を裏切る冤罪事件が多発していますので、その背景も見ておくことにします。

四、冤罪はなぜ起きた？……足利事件などの教訓

平成二一年は「冤罪」が大きな話題になった年でした。その代表的な事件が平成二年五月、栃木県足利市のパチンコ店駐車場で当時四歳の女児が行方不明になり、近くの河川敷で、遺体で発見された『足利事件』です。この事件では、幼稚園の送迎バス運転手・菅家《すがや》利和《としかず》さんが逮捕され、女児の着衣についていた体液が、菅家さんと一致するというDNA鑑定結果を示され犯行を自白、平成三年一二月に殺人などの容疑で逮捕されましたが、平成四年二月の宇都宮地裁の初公判で菅家さんは起訴状内容を認めたものの、一二月になって否認に転じ、無罪を主張します。

平成五年七月、地裁は求刑どおり無期懲役を判決、平成八年五月、東京高裁も控訴を棄却《ききゃく》します。弁護側はDNA鑑定に疑問があると最高裁に提訴しましたが、最高裁は平成一二年七月にDNA鑑定の証拠能力を初めて認め、一、二審の無期懲役刑が確定、菅家さんは、不起訴になったとはいえ別に二件の幼女殺害事件を自供していたので、疑われたのも止むを得なかった

かもしれません。

平成一四年一二月、菅家さんは宇都宮地裁に再審請求、弁護側はＤＮＡ鑑定に関する鑑定書などを新証拠として提出しますが、平成二〇年二月に宇都宮地裁は再審請求を棄却。弁護側は東京高裁に即時抗告、高裁はＤＮＡ鑑定の再実施を決定します。こうして平成二一年一月から再鑑定が始まり、東京高裁は五月八日に再鑑定結果を弁護側と検察側に伝達します。その結果、一九日に弁護側が菅家さんの釈放を求めて検察側に申し立て、六月四日に菅家さんは釈放されたのです。

事件当時確立されていなかった科学鑑定を〝絶対的証拠〟として扱い、ＤＮＡ型鑑定の証拠能力が最高裁で認められた裁判でしたが、判決が覆《くつがえ》ったのは、皮肉にも当時よりも格段に進歩した鑑定技術によって、菅家さんの自白の信用性が否定されたからです。

釈放された菅家さんは「当時私は急に犯人にされ、十七年間ずっと我慢してきた。当時の刑事、検察官には、私や両親、世間の人に謝って欲しい。絶対に許すことは出来ない」と強い口調で捜査当局を非難しました。ＤＮＡ鑑定という錦の御旗が覆った検察側は、さぞ無念だったでしょうが、最高検の検証報告の骨子《こっし》は、次のようなものでした。

1、ＤＮＡ鑑定結果を過大に評価して証拠価値の判断を誤った。
2、自白の信用性に対する吟味《ぎんみ》・検討が不十分。虚偽の自白を見抜けないまま供述調書を作成。

3、ＤＮＡ鑑定の手順に特段の問題はない。取り調べの任意性を疑わせる事情はなかった。
4、起訴後の取り調べは必要性や方法を慎重に検討すべきだった。

警察庁の検証結果は、

1、ＤＮＡ鑑定の個人識別力の理解が不十分なまま結果を過大に評価した。
2、迎合《げいごう》の可能性に留意せず、期待する供述が得られるまで繰り返し質問する取り調べが虚偽供述につながった。
3、捜査主任官が捜査指揮し、取調官も兼務。供述の信用性について厳格なチェックが十分に機能しなかった。
4、供述の変遷《へんせん》や矛盾を忘却や記憶違いと安易に判断した。

としています。これらのことは、人間を裁く立場にあるものとしての自覚が欠如していたことを意味しており、今回、ＤＮＡ神話が一部崩れたから良かったものの、それがなければ菅家さんは無期懲役のままだったといえます。

拙劣だったＤＮＡ鑑定

警察庁の検証では、逮捕当時の警察庁捜査一課長や、栃木県警本部長ら、捜査関係者約二十人から事情を聞き、最高検は当時の宇都宮地検次席検事と主任検事から聴取しています。

ＤＮＡ鑑定技術の導入にかかわった石山昱夫《いしやまいくお》帝京大名誉教授は、「ＤＮＡ鑑定の本質に誤りはないわけで、要するに科警研（科学警察研究所）のＤＮＡ分析の技官の腕が拙劣《せつれつ》であったの一語に尽きるのが残念」「このレベルでも、当時の警察の技官は『ＤＮＡ分析が完成した』と宣伝し、裁判官も検察官も信じ込んでしまった」と語っていますが、これは非常に恐ろしいことです。

検証結果を踏まえ、警察庁は、容疑者の性格にあった取り調べなどで、心理学の専門家の助言を取り入れるほか、自白の信用性をチェックする専従班を捜査本部内に設置するよう犯罪捜査規範を改定するなど、冤罪事件の再発防止策をとったようですが、検察庁でも最高検の伊藤《いとう》鉄男《てつお》次席検事が記者会見で、「一歩間違えればどの検事もこういうことになる。これは組織の問題であり、組織をあげて再発防止に取り組む」と強調しましたが、気になるのは、この事件に対処した検察内部の動きです。

産経新聞二二年四月二日付の、『足利事件では捜査を担当する主任検事が指名されたのは、菅家さんが逮捕される直前の約一週間前。このため、警察から菅家さんが自白したとの報告を受けただけで、自白に至った経緯や裏づけの有無の確認さえしていなかった』『さらに起訴に当たっては、検察組織内の決済態勢にも不備』があり、『厳しい求刑が予想され、新たな科学捜査手法だったＤＮＡ型鑑定が立証の柱だったが、主任検事から報告を受けた次席検事や検事正は、上級庁の東京高検に報告したり、指導を受けたりせず、菅家さんの起訴処分について、宇都宮地検内の決済のみで決めた』という部分です。

被告は勿論、家族を含む関係者一同は、検察庁という法の番人が一般の公務員とさして変わらない判断をしているのでは？　と思ったのではないでしょうか。

これに類した事例は、長崎県の二女性殺害事件で、千葉県警習志野署員が訴えよりも署内の親睦《しんぼく》旅行を優先した問題でしょう。これじゃ捜査や判決に人生と命がかかっている庶民、例えそれが有罪間違いない被告だったとしても、許し難《がた》い気持ちになるのは当然でしょう。十七年間我慢してきた菅家さんの怒りはもっともです。

二一年九月六日の産経新聞『土日曜日に書く』欄で、井口文彦記者は『誤った科学鑑定で突然嫌疑をかけられるという怖さ。そして、元受刑者が無実なら、ほかに真犯人がこの社会に存在するという怖さ』と書きましたが同感です。

同時に過去の有罪判決に関与した元裁判官達も複雑な表情を見せたといいますが、無期懲役とした一審宇都宮地裁の元裁判官は「当時調べた証拠に基づき判断した。内容は判決に書いてある通りで、それ以外コメントすることはない」と言い、当時の麻生太郎《あそうたろう》首相は「無実の罪で十七年間服役したということはあってはならない。つくづくそう思う」とコメントしています。

検察官にはいささか耳が痛いでしょうが、二一年四月一五日の産経新聞にこんな記事が出ています。

秋田県藤里町《ふじさとまち》で起きた連続児童殺人事件の被害者、米山豪憲《よねやまごうけん》君（当時七歳）の両親が、畠山《はたけやま》鈴香《すずか》被告に対して無期懲役とした仙台高裁秋田支部判決について、仙台高検が上告を断念したことに対し、「息子の無念が晴れるどころか、この世の無常さに呆然としております。裁判とは誰のために行われるものでしょうか」「凶悪犯の人権を手厚く保護し、税金をつぎ込んで、社会復帰できる道を切り開いている」「仙台高検には結果はどうであれ最後まで志を貫いて欲しかった。組織的な職務放棄と言わざるを得ない。怒りを通り越し正義感のなさ使命感のなさに失望すら覚えます」とまで語っています。これが被害者やその近親者の率直な思いだといえます。

これらの冤罪事件が影響したのでしょうか、その後続々冤罪事件に近いものが報道されました。

平成二二年四月七日、昭和三六年に三重県名張市《なばりし》で農薬入りぶどう酒を飲んだ女性五人が死亡、十二人が中毒症状となった『名張毒ぶどう酒事件』で、殺人罪などで死刑が確定した奥西《おくにし》勝《まさる》死刑囚（八四）が無実を訴え、再審を求めていた裁判の特別抗告審で、最高裁は名古屋高裁の再審開始決定を取り消した同高裁の決定を取り消し、審理を同高裁に差し戻しました。報道には『科学的な証拠・検討重視』とあります。

昭和三六年当時の捜査では『科学的知見に基づく検討をしたとはいえず、いまだ事実は解明されていない』と農薬の再鑑定を命じたのですが、奥西死刑囚は「よい方の結果に出たことはうれしい。裁判所もよく調べてくれたと思う。私はやっていない。差し戻し審で調べていただき、一日も早く再審をしていただき、冤罪を晴らしたい」とコメントしましたが、事実だとしたら実に恐ろしいことです。

二八日には、平成一四年に大阪市のマンションで母子を殺害して部屋を全焼させたとして、二審で死刑判決を受けた大阪刑務所の刑務官、森健充《もりたけみつ》被告（五二）の上告審でも、最高裁は『審理を尽くしておらず、事実誤認の疑いがある』として、一審の無期懲役と二審の判決を破棄、審理を大阪地裁に差し戻しました。「審理をよく尽くしていない」という指摘は、裁判所を信じている一般人には理解できません。

時間的余裕と裁判費用があれば、被告は最高裁まで戦い抜くことが出来るでしょうが、一般的にはなかなかそうはいかないのが現実です。そうなると、隈教官のように、これまでにかなり冤罪で服役したか死刑になった方もいるということになります。

続いて昭和二八年に埼玉県狭山《さやま》市で女子高生が殺された『狭山事件』で、強盗殺人などの罪で無期懲役が確定したものの、無罪を訴え続ける石川一雄《いしかわかずお》さん（七一）の第三次再審請求の三者協議が東京高裁で行われ、逮捕当時の取り調べの一部を録音したテープなど三十六点の新証拠を弁護側に開示したという記事が出ました。新たな証拠が検察側から開示されたのは昭和六三年九月以来二十二年ぶりだといいますが、弁護団は「証拠を検察側が隠している可能性がある」と言っていますから、新証拠でも出ようものなら、検察の権威は地に落ちることでしょう。その間に石川さんが亡くなっていたとしたら……。

平成二四年四月には、昭和四一年味噌会社の専務一家四人が殺された「袴田事件《はかまだ》」の被告、袴田巌《いわお》死刑囚（七六）の第二次再審請求で被告のDNA型と、犯行当時の着衣とされたシャツの血痕のDNA型に「完全に一致するDNAは認められなかった」という鑑定結果が出ました。

こうして「新証拠」に基づく再審開始が相次いでいることは、検察の証拠調べと裁判のあり方が大きく揺らいでいることを示しており、このような事例が頻発《ひんぱつ》すると、一般国民としては何となく検察と裁判不信に陥ります。私は『雫石事件裁判』も、これらの事件と同じ「冤罪」の一つだと思っています。

そこで雫石事故の状況と、その後の調査、裁判などの具体的な状況について、各種資料を順に解説し、この事件のドロドロした背景に迫ってみようと思います。

プロローグ

不思議な決着

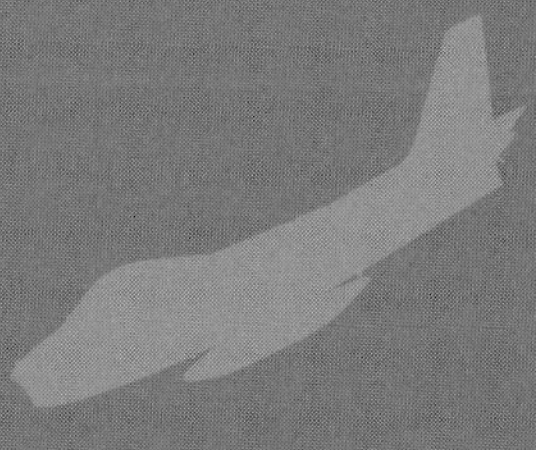

昭和五八年九月二一日夕刻、西部航空方面隊の防衛幕僚だった私に、高校時代の同級生で地元テレビ局キャスターから「今、東京から電話があって、隈君の件は最高裁が〝自判〟することに決定したそうだ。裏に何かある。すぐに対処した方がいいゾ」という電話がありました。

雫石事故の刑事裁判は最高裁の判決待ちでしたが、並行して進んでいる民事裁判の方では、乗客が衝突寸前まで撮影していた8ミリフィルムという新たな証拠が会社側から提出されていました。

ところがそのフィルムの分析結果、衝突場所が当時航空自衛隊（以下空自）が定めていた「臨時訓練空域内」であることがほぼ証明され、むしろジェット・ルートを逸脱《いつだつ》して空自の訓練空域内に〝侵入〟したのが民間機であった事実が判明しましたから、刑事裁判で争われていた衝突地点が振り出しに戻ることになります。そこで最高裁は「二審差し戻し」とし、仙台高裁で改めて新証拠を含めた審理が行われるものと誰もが思っていたところに彼からの電話だったのです。

私も彼も隈被告も地元高校の同級生でしたから、キャスターだった彼が、8ミリフィルムという新証拠の出現で「二審差し戻し……無罪？」を予期して隈被告をスタジオに呼び、長かった裁判についてインタビュー録画し、最高裁の裁決を受けて二二日の夕方に放映されることになっていたのです。

ところが最高裁が「差し戻し」ではなく、極めてまれだといわれる「自判」に踏み切ったのですから、隈被告のインタビューを夕方の全国ネットニュースで流す計画だった彼にとっては寝耳に水、録画テープの回収で大慌て、ようやくそれが済んだので私に電話してきたのです。司令官に報告すると「誰からの情報だ?」と怪訝《けげん》な顔をしたものの「二審差し戻し」を疑ってはいない様子でした。

翌二二日、彼からの情報どおり最高裁は自判し、隈被告が再審請求しない限り本件は刑事事件としては結審したのです。この日の読売新聞（夕刊）は、「雫石事故、自衛隊にも責任」「最高裁　隈元教官に減刑判決」「訓練計画ずさん」「注意義務あるが回避困難」との記事のリードでこう伝えています。

《去る四六年七月、岩手県雫石町の上空で、全日空機と訓練中の自衛隊機が衝突、全日空機の乗員、乗客一六二人が死亡した「雫石事故」で、業務上過失致死罪、航空法違反に問われた航空自衛隊松島派遣隊教官（当時）、隈太茂津被告（43）（休職中）に対する上告審の判決が、二二日午前一〇時半から、最高裁第一小法廷（和田誠一裁判長）で言い渡された。判決は「ずさんな飛行訓練計画を立案し、安全に対する配慮を怠った航空自衛隊当局の責任こそ重大。一教官に過ぎない隈被告だけに衝突事故の刑事責任を負わせるのは酷だ」として、禁固四年の実刑を言い渡した一、二審判決を破棄、改めて禁固三年、執行猶予三年の減刑判決を下した。この判決は、一瞬にして一六二人の生命を奪ったわが国航空機事故史上最悪の惨事の責任の大半が、民間機優先の〝空の原則〟を無視した航空自衛隊当局にあったとするもので、〝過密な空〟を民間機と共用する防衛当局に対し、厳しい警告を発した司法判断となった》

さらに「禁固三年、執行猶予三年」との小見出しの記事にはこう解説してありました。

《最高裁判決は、最大の争点になった①全日空機と自衛隊機の位置関係②接触地点③自衛隊機から見えたかどうか（視認可能性）——などの事実認定については、二審判決を大筋において認めた。

そして、隈被告に教官として事故を起こした訓練機（市川機）に対する見張り注意義務はあった、と認定した。しかし「義務を十分果たすのは難度の高い作業だ」とし、本件事故の場合、訓練機と全日空機の両機を見つけ、訓練機に的確な指示を与えて、事故を回避できた可能性は「ごく限られたものであったといわざるを得ない」とした。

こうした事故を避けるためには、民間機の常用ルート付近の空域での訓練事態はできるだけ避けるべきであった、との見解を示した。

その上で判決は、隈被告に結果的に民間航空機のルートを〝侵犯〟した義務違反があったとしたものの、こうした空域侵犯には訓練計画を作成した第一航空団松島派遣隊にも大きな責任があると指摘した。

判決によると、訓練空域が、事故当日急ぎ設定されたもので、民間航空機のジェットルートJ11Lの存在に全く配慮することなく、漠然と「盛岡市と田沢湖の中間を中心とする」とだけ定め、具体的範囲などについて隈被告に何ら指示、説明をしなかった。この結果、隈被告は、「ジェットルートJ11Lについて、実際より東寄りのものと誤認し、結果的に自衛隊機の制限空域内に侵入した」と認定した。

こうした判断に立って判決は、「空域侵犯の義務違反について、隈被告の落ち度を重く見て、隈被告だけにその責任を求めるのは相当ではない」と指摘。更に「訓練計画立案にあたって、配慮を怠った航空自衛隊当局、特に、松島派遣隊幹部の責任こそ重大」と断定した。

そして「上官の立てた訓練計画に従って訓練に参加した一教官に過ぎない隈被告一人に事故の刑事責任を負わせ、禁固四年の刑を科すのは、事件の重大性を考慮してもなお酷に過ぎる」として、一、二審の禁固四年を破棄、改めて禁固三年、執行猶予三年の減刑判決を言い渡した。

この判決は、五裁判官中、団藤重光、藤崎万里、谷口正孝三裁判官の多数意見によるもので、中村治朗、和田誠一両裁判官は、「訓練計画がずさんであったとしても、実刑は免れない」として、両裁判官とも「禁固二年の実刑が相当」との反対意見を述べた。

「雫石事故」は、わが国航空機事故史上最大の惨事。その事故原因で、八五〇〇㍍の高高度で、しかもマッハ0・7以上の超高速で飛行していたジェット機同士の空中衝突のため、事実認定が裁判の最大の争点だったが、弁護側は、空の欠陥行政や、自衛隊当局のずさんな訓練計画などを指摘していた》

これを受けた防衛庁（当時）側は、佐々《さっさ》淳行《あつゆき》官房長が「判決内容は厳しいものと受け止めている。どう対処するかは、十分検討し、その時点で考えたい」と意味深長なコメントをしています。

当時、全日空側から提出された「乗客が撮影していた8ミリフィルム」という新たな証拠が、全日空側の思惑とは違って、防衛庁側にとって逆に有利なものとなり民事裁判の行方に明るい兆《きざ》しが出ていたのですから、このコメントからは防衛庁側の「民事では逆転する可能性大」という総意が読み取れます。

最高裁の判決は、仙台高裁の判決を元に下されたことは当然ですが、新証拠を採用しなかった理由がどこにあるのか、私は今でも疑問に思っているのです。つまり、最高裁は、隈教官の過失責任を問うに当たり、「見張り義務違反」と「機位確認義務違反」を挙げました。盛岡地裁も、仙台高裁も共にこれを隈教官有罪の唯一の根拠にしたのですが、最高裁は、これで有罪にすることが出来なかった。それは弁護側の黒田証人の説明に同意したからです。

まず「見張り義務違反」ですが「追突」側を追及すべきものでしょう。追突された「訓練生」を下方で指導していた教官に求めたのはお門違《かどちが》いというものです。

一方、「機位確認義務違反」については、隈教官が訓練空域を逸脱し、ジェット・ルートJ11Lの五マイル以内に侵入したことが「過失」だと認めて有罪の論拠にしています。多分、それは事故直後の「自衛隊機が民間航路に侵入」と喧伝《けんでん》し、自衛隊のパイロットである航空幕僚副長までもが過失責任を認める発言をしたことが影響したに違いありません。しかしこれは盛岡地裁では「論拠なし」として認められず、仙台高裁でも論議の対象にならなかったものです。しかしなぜか最高裁でこれが復活したのです。

これについては、弁護団が提出した克明な新証拠から、接触地点がJ11Lのはるか圏外であることに気がつき、仮に「飛行制限空域内」だと無理に判示しても、当時の航空法上からも処罰する根拠はありません。その上新証拠は明らかに五マイル圏外であることを示しています。

そこでもしも「差し戻し裁判」にすれば、その事実関係から隈教官に対しては「無罪」以外の結論はありえません。そうなればどんな問題が生じるでしょうか？

犠牲になった全日空機側の乗客乗員一六二名の補償問題、政府事故調査委員会の権威失墜、のみならず裁判所の権威失墜も免れないでしょう。菅家さん等の冤罪で証明されたように……。

勿論マスコミなどに及ぼす影響も計り知れないものが予想されます。

既にこの事件の裏でうごめいていた政治家と会社側幹部らの黒い癒着《ゆちゃく》関係は、国民の前に公開され、裁かれつつありましたが、未だに国民の中には、当時のセンセーショナルな報道を鵜《う》呑《の》みにしていて、この事故は「航空路を正規に飛行していた」民間機に、戦闘訓練中だった自衛隊機が〝体当たり〟したものだと受け止めている者も多いのです。そこに逆転無罪判決が出ることは、長年裁判を継続してきた裁判所、政府機関の信頼が根底から覆《くつがえ》ることになりかねません。それに気づいた最高裁は、上告棄却、差し戻しにすることなく、無理を承知で「自判」に踏み切った、と考えられないでしょうか？

このような黒い関係が、裁判所と原告側にあったとは考えたくはありませんが、原告側と事故調査委員会側とには、実にどろどろした関係があったのですが、国民は知らされてはいませんでした。

話は少しそれますが、平成一七年四月、乗客一〇六人が死亡したＪＲ福知山線脱線事故は未だ記憶に新しいことと思います。この事故で神戸第一検察審議会は、業務上過失致死罪で遺族から刑事告訴され、嫌疑不十分で不起訴となった、事故当時のJR西日本相談役・井上正敬《いのうえまさよし》氏（七四）ら歴代三社長について、起訴すべきだと議決し、強制起訴となりましたが、この過程において、JR西日本は、「国交省の『鉄道事故調査委員会（略称：事故調）』から、公表前の報告書を違法に聞き出したり、報告書に事故の原因の部分をぼかして書くように要求したほか、刑事責任追及のポイントになる資料を事故調や検察庁に渡さなかったなど、〝やりたい放題〟だ。今回はJRと一緒に違法行為をしていた事故調の悪質性も新たにクローズアップされた」と『THEMIS』（二〇〇九年十一月号）が報じました。

厳正中立な事故調査と裁判などに、このような違法行為がまかり通っているなど、一般国民は全く知らないことでしたが、この事故で驚くべき癒着関係が暴かれたにもかかわらず、社長は無罪となり国民の怒りと顰蹙《ひんしゅく》を買いました。このような〝関係〟が、雫石事故の時にもあったのではないか？

当時、浜松の第一航空団第一飛行隊で、隈教官と同様に「戦闘機操縦教官」として86Fで飛行教育に携《たずさ》わっていた私は、事件の渦中にありました。そこで収集していた各種資料を基に、「全日空機操縦者の見張り義務違反」と、「接触地点問題」に焦点を当てて改めて検証してみます。

序章

事故発生同時刻、私は『エマージェンシー』コールを聞いた

一、築城基地へ出張

昭和四六年七月三〇日金曜日、この日浜松の天気は良かったのですが、スモッグで視程が悪かったため学生訓練は中止になりました。そのため私は以前から計画されていた卒業生の追跡調査を兼ねたクロスカントリーで、T一尉とT33練習機で築城《ついき》基地に向けて離陸しました。

浜松を一二時半過ぎに離陸し、まるで雲中のような濃いスモッグの中を「学生訓練を中止したのは良い判断だった」と後席のT一尉と話をしつつ上昇しました。

高度一万フィートを過ぎる頃から、視界は開け始め、やがてぽっかりと雲海状のスモッグの上に出ました。その上は全く雲もない好天気でしたから、計器飛行方式をキャンセルして、有視界飛行方式に切りかえる許可を得ました。通常「VMC・ON・TOP」と呼ばれる方式です。

高度一八五〇〇フィートで飛行することにし、浜松NDB（無線標識）上空を東西に横切る航空路を通過するであろう民間機を回避するため、しばし経路を南にずらして上昇し、所定の高度に達したので、河和《こうわ》NDBから航空路に従って大津NDBに向かいました。

この時、後方に何となく〝気配〟を感じて、バックミラーを注目すると、私の後上方に民間機が近づいてきていたのです。高度は私より上ですが経路が同じ、その上機体が大きいから後ろから突っかけられるような感じです。やがてほぼ真上を通過していく機体を見上げると、ブルーのラインが入った全日空のB727でした。追い越して行く彼を追尾するような恰好でしばらく飛びましたが、大津NDBの手前で優速のB727は視界から去っていきました。

岡山NDBから岩国NDBを経て、やや南に進路を変更して航空路を離脱し、国東《くにさき》半島を眺めつつ降下して築城基地の滑走路上空を西に向けて進入して着陸旋回中に、突然レシーバーに「エマージェンシー」「ベイルアウト……」というかすかなボイスが入りました。時刻は午後二時五分を回っていました。

着陸滑走中、管制塔に「エマージェンシーというボイスが入ったが」と尋ねると、「築城基地の両飛行隊（第六、第十飛行隊）とも夏季サバイバル訓練中だから基地は飛行訓練をしていないので関係ありません」と言います。

私の古巣である第十飛行隊のフライトルームを訪ね、卒業生や後輩達と雑談していると、突然、スクランブルなど緊急時に使われる部内専用の赤電話が鳴り、受話器を取ったI二尉が「……民間機……、白煙……、86F……」等と断片的な情報をグリス鉛筆で机上に書きなぐり始めたのです。

何事か？　と聞くと「東北で86Fと民間機が接触して墜落したようです」と言います。東北の86F部隊というと八戸《はちのへ》の第三飛行隊か？　と考えましたが、午後四時過ぎに松島基地の86F

だと判明しました。I二尉が「松島だということは先輩のところではないですか?」と言うまで迂闊《うかつ》にも「わが派遣隊」が松島基地に同居していることを忘れていて、慌てて浜松に電話すると飛行班長のT一尉が「どうも接触事故らしいが正確な情報は分からない。しばらく待機するように」と言います。

ただちに帰隊すべくフライトプランを書き、再度電話すると「予定どおり行動せよ」と言いますから、築城基地の外来機班にいつでも出発できる状態を維持して欲しい、と言い残して次の行動に移りました。

やがて夕刊やテレビが事故の報道を始め、尋常ならざる状況が次第に判明してきたので、再び浜松基地に電話すると「自衛隊機の飛行については特別の指示がなければ飛行できないらしいから、取りあえず予定どおり行動をせよ」と言います。その後は連絡が取れなくなり、テレビか新聞以外には情報が得られません。なすすべがない私は、報道内容に怒り心頭に発しながら、「自衛官手帳」に次のようなメモを書き付けています。

1、報道陣の態度は野次馬根性なり。「質問の権利」とは何ぞや?

2、社会党石橋書記長の態度は詳細も知らぬくせに軽々しく、政治ゴロの感強し。必ず国を誤る。

3、「政府・自衛隊は責任回避」というも、真相の不明なる間は慎むべきが当然ならずや?

記者連中は、喋り捲《まく》るを仕事とし、無言は〝商い〟にならぬためそういう。

4、空自はいつも陸自の世話になる。申し訳なし（注：捜索救難活動のこと）

5、自衛隊は当事者としてその落ち度は十分認めるが、報道陣はそれを強調することに捉《とら》われ、事実の客観性を欠くところあり。

6、当事者としては、このような際、軽々しく発言すべきにあらず。誘導尋問にかかり、真相を見誤る恐れ多分にあり。荒井司令の処置（注：当時の第一航空団司令が限一尉が着陸直後に基地で記者会見に出たのを止めさせた）は当然であり、報道関係者に真相を聞きだす権限はない。

7、航空路（民間航空路なるものは存在せず）は、自衛隊機は絶対通過してはならぬという考えで討論している。これは基盤に立たぬものなり（注：同じ土俵ではないという意味）

8、自衛隊基地［航空路下の］が問題になるならば、別に民間機のルートを設定して自衛隊基地の帰投用施設を使わぬことである。政策不在。

9、ご遺族の心中は察するに余りあるも、〝自衛隊さえなければ……〟の言は、〝民間機さえ飛んでいなければ〟なることと同じにして感情論なり。

10、自衛隊は必要なるか不要なるか？　国民の総意を確かめ、決断するを要す。不要ならば思い切って削減するも良し、原点に帰るを要す。

11、設立後二十年、未だに「胸を張って」とか、「合憲なり」の言葉の出るは一体何たることぞ！

たかが票を気にする代議士どもが発言すれども裏付けはない。現実に憲法解釈が二分し、不明確（少なくとも国民大衆にとって）なる以上、どうして胸が張れるか！

12、胸を張れ！　というならば、そのように日本の背骨たる憲法を明確にすべし。それが政治家の仕事なり。

13、わけのわからぬ連中が、未知の分野の航空のことをとやかく言う前に、フルードフォアなどの飛行を体験さすべし。IFR、VFRの区別もわからぬ連中に正確な判定は下せようもなし。今回の根本原因は航空路の交叉の方法に不注意がありたるものにして、全日空にも見張りの責任がある。（注：報道からJ11Lとの関係を推定したもの）

二、原隊に復帰

八月二日月曜日、七時前に築城基地に入ると、ベースオペレーションには芦屋《あしや》基地での夏季保命（サバイバル）訓練を終了して帰隊しようとしている各地のパイロット達が、大勢足止めを喰らっていました。私はT33の飛行前点検を完了して浜松に電話すると「出張者は直《ただ》ちに原隊に復帰せよ」という団司令指示が出たというので、直ちにフライトプランを提出したのですが、オペレーションにたむろしていたパイロット達が「自衛隊機は飛行禁止らしく八空団司令が許可しないのですが一空団は飛べるのですか？」と私に聞くのです。

「一空団では団司令の原隊復帰命令が出ている。それが根拠だ」と言ってAO（飛行場当直幹部）のサインを貰い飛行機に向かおうとすると、飛行場勤務隊長が飛び出してきて「うちの団司令の許可を貰う必要があるから」とジープで司令部に「連行」されました。

　司令部防衛部で説明させられているところに団司令が来て「自衛隊機は今や**一介の団司令如き**の許可では日本の空を飛べないのだ」と言って許可してくれません。飛行隊に電話がつながらないので、飛行教育集団司令部に電話すると第一飛行隊の前飛行班長だった白根三佐が出ましたが「飛行許可権者がノーと言うのだから仕方ない。しばらく部内泊するように」と言うのです。ところが、飛行場勤務隊長に慰《なぐさ》められながらオペレーションに戻って驚きました。今まで待機していた各部隊のパイロット達が、次々に出発して行くではありませんか。最後にオペレーションを出ようとしていたC46輸送機のパイロットを呼び止めて聞くと、何と私がフライトプランを出したのを見て「一空団は飛んでいますよ」と部隊に報告したら「それならばすぐ帰って来いと言われた」と怪訝《けげん》な顔をして言うではありませんか。

　こうして皆が帰ってしまい我々だけが残ったのですが、突然私にある考えがひらめきました。再度集団司令部に電話すると再び白根三佐が出ました。そこで「航空総隊や輸送航空団は飛んでいますよ」と言うと、今度は白根三佐が驚きました。「何！　総隊は飛んでいるだと？」と言うと、すぐ上司に報告したらしく「直ちに帰って来い！」と言ってくれたのです。

「戦場で生き残るためには知恵を働かせることが大切で、それが出来ない石頭は間違いなく犠牲になった」と、昔、適性検査隊で少年飛行兵出身の橋本己之作《はしもとみのさく》教官に教わった知恵を拝借したのです。

帰隊してみると部隊は騒然としていて、岩手県雫石の現場に捜索隊と事故調査要員が派遣されていましたが、Ｂ７２７には乗員七人、乗客一五五人が乗っていて、そのうち一二五名が同じ静岡県の富士市吉原遺族会の団体客でしたから、富士市では市役所に事故対策本部を設置していました。そこに遺族支援という名目で自衛隊からも先遣隊が派遣されており、八月四日に私も主力部隊要員として、以後一週間、富士市役所の対策本部で勤務することになったのです。

ところでその頃の空自は、複座のＦ４ファントム配備に伴って操縦者養成量を大幅に増加させる必要が生じていました。しかし訓練空域不足なので浜松だけではなく松島にも戦闘機操縦課程を新設することになり、「第一航空団松島派遣隊」と称する変則的な飛び地が作られたのです。従って第一飛行隊では五月初旬に第三三教育飛行隊を卒業して着隊したコースから、単独飛行が終わった時点で数名ずつ松島に転属させるという繁雑《はんざつ》な教育業務を開始していたのです。

そんな最中の七月に飛行教育集団司令官石川空将が空幕副長に栄転、後任に植村空将が着任し、一空団司令田代将補が荒井将補に、飛行群司令菊池一佐が長澤二佐に交替するという大幅な人事異動が実施されました。「指揮官交替期には事故が起きる」とはよく言われるジンクスですが、七月三〇日にその恐れていた大事故が松島派遣隊で発生したのでした。

事故は、昭和四六年七月三〇日午後二時過ぎ、岩手県盛岡市の西側にある雫石町付近の上空で発生し、事故発生当初から「自衛隊機の一方的なミス」だと大々的に報道され、遺体安置所で報道陣や一部遺族達の怒号に耐えきれなかった防衛庁長官と空自の高官達が土下座、間もなく長官と航空幕僚長が引責辞任すると、すでに勝負はついたも同然でした。

やがて「**民間**航空路に戦闘機が侵入、規定通りに飛んでいた民間旅客機に体当たりした」という無責任な報道が一人歩きを始め、盛岡地検は教官と学生を起訴、何と空幕はこの二人を直ちに「休職処分」にしたのです。まだ事故調査も始まっていなかったにもかかわらず、です。

この一連の流れが「航空自衛隊悪玉説」を作り上げてしまったといえます。しかし、例えば『追突：雫石航空事故の真実』（足立東《あだちあずま》著：日本評論社）の中で著者（元朝日新聞記者）は「事実を検証すると、優速のB727がほぼ真後ろから自衛隊機に追突していて、しかも、B

727の操縦席では自衛隊機の存在を全く認識していなかった形跡がある」と書いています。にもかかわらず今でもこの事故が自衛隊機の「体当たり」によって引き起こされたと思っている国民が多いのは、空自が明確な反論をしなかった（出来なかった？）ためです。

今になって思うと事故直後の昭和五二年六月に出版された『恐怖の空中接触事故』（須藤《すどう》朔《はじめ》・阪本《さかもと》太朗《たろう》共著：圭文社）は実に的確な指摘をしていたことに驚かされます。この事件の真相、特に接触場所と、追突した全日空機乗員の見張りについては後段で詳細に述べることとして、ここでは私が当時体験した事実を、まず書いておくことにします。

三、富士市対策本部で勤務

犠牲者が多かった富士市の対策本部への派遣は、八月四日の午前九時に準備命令が発せられました。私らは一度帰宅して一週間分の下着や日用品を準備し、正午に浜松を出発、午後二時一〇分に富士市役所に到着しました。出発に際して荒井《あらい》勇次郎《ゆうじろう》団司令は「忍び難きを忍び、耐え難きを耐えよ」と悲痛な訓示をしましたが、事実異常な報道に煽《あお》られた革新都市（市長は社会党、議長が共産党）富士市役所は我々にとっては耐えがたい所でした。市役所の十階に設けられた「防衛庁富士連絡本部」に出入りするたびに、エレベーターに乗り合わせた職員達は我々を「殺人者」呼ばわりするし、「こいつらと一緒に乗れるか！」と憤然と降りていく職員もいて、そんな環境下であったからか、対策本部指揮官の指揮は〝遠慮がち〟で、ただでさえも肩身が狭いのにいっそう悲しくなったものです。

我々は二時過ぎに到着しているのに指示はなく、午後五時になって配られた缶詰食を食べてひたすら待機し続け、八時半になってようやく体育館に宿泊準備のために移動させられる有様。しかも午後九時にやっと第一陣の一〇〇名が帰隊することになったのはいいのですが、全員を市役所十階ホールに集合させた上で本部長が訓示し、九時一五分に解散するという極めて不可解な行動がとられたのです。

指揮官が体育館に出向いて訓示すれば済むものを、二〇〇名近くの隊員をバスやライトバンで体育館と市役所間をピストン輸送し、エレベーターを「占拠」させて狭いホールに集合させたのですから、市役所職員ならずとも部隊の中からも大いに不満の声が上がりました。その上その訓示たるや、「今後に備えエネルギーを蓄えよ」というのですから、空曹達が「こんなに無駄な行動をさせておいてエネルギーを蓄えよもあったものか！」とあからさまに不満を漏らす始末。こうして再び第二陣の約九〇名は「エネルギーを蓄えつつ」体育館に戻って宿泊することになったのですから先が思いやられました。

連絡本部では、私は「総務班長」を務める集団司令部幕僚の渡邊《わたなべ》栄顕《ひさあき》三佐付きを命ぜられました。因《ちな》みに組織は本部長、副本部長のもと、総務班と遺族班に分かれ、総務班には班長のもと会計係、配車係、庶務係があって、車の手配、宿舎の手配は勿論、弁当の手配や報道陣や外部との渉外まで、いわば雑務全般取り仕切りというところでした。

他方遺族係の方は指定された遺族の葬儀に、パイプ椅子やテントを運搬して参加し、葬儀全般の支援をするのですが、余りにも刺激が強かったので若い候補生は除外されていました。

五日は「友引」だったため葬儀は一件もなく、私は不慣れな仕事の準備に追われましたが、次々に文書を起案、整理していく渡邊三佐の勤務ぶりは実に見事で大いに参考になったものです。

午後、静岡新聞富士支局と陸上自衛隊第三四普通科連隊に調整を命ぜられて出発しました。

この頃になると、マスコミ関係者も事態の不自然さを感じていたようで、なぜ事故調査も終わっていないのに、自衛隊は自分の「非を認めて」遺族の葬儀の支援をしているのか？　やはり、落ち度があったのだろう？　と尋ねられました。本部にもその種の電話が相次いでいたのですが、マスコミ関係にも問い合わせが多かったようで、「仮に自衛隊が関係した事故であったとしても、大々的に葬儀の手伝いをするのはおかしい。車の燃料や器材は国民の税金ではないか。我々の葬儀にも言えば支援してくれるのか？」というのが質問の趣旨でしたが、たかが一尉の私には答えようもありませんでした。

雨の中を本部に帰ると、我々の宿泊所だった市の体育館は、富士ジャンボリー開催のため明け渡しを要求され、ようやく見つけた町外れにある木造の古い建物「鑑石園《かんせきえん》ヘルスセンター」に移動しました。

　ここは遺族班が宿泊するには体育館よりも恵まれていましたが、我々総務班一〇名の宿舎となった「離れ」は、解体中の**あばら屋**で水道一つなく、畳もないので急遽《きゅうきょ》ビニール製のゴザを敷き詰めただけでした。耐え難きを耐えよという団司令の命令でしたが、夜中に十ワット程の電灯しかつかない便所に行くと、得体の知れない虫が飛び回っていて、それを狙う子供の手のひら位もある蜘蛛《くも》が壁を走り回っています。蜘蛛が嫌いな私は、それを見ると出るものも出なくなったものです。

　八月七日になって空幕から「七月三〇日、当分の間現地で勤務せよ……」という電報が届き組織活動の根拠が出来たのですが、どうしてこんなに命令が遅れるのだろう？　こんなことで戦争が出来るのだろうか？　と不思議でした。葬儀も一段落したため、夕刻一部編成を解いて帰隊させ残留者が五一名になったので我々総務班も「離れ」から開放されました。

　八日の夕食後、持参した「石原莞爾《いしはらかんじ》」を読んでいると、何とこの「鑑石園」は石原将軍に多大の感化を与えた田中智学《たなかちがく》氏の隠居邸だったということが分かって驚きました。しかも隣の「孟宗《もうそう》の間」が氏の居室だったというのです。

四、大いなる不満

八月九日、対策本部の仕事量も減りだしたので、縮小計画が持ち上がりましたが、リーダーシップを発揮する指揮官がいないため、時間に余裕が出来た私は、手帳に憤懣《ふんまん》を書きなぐっていて、当時の若手幹部の真情が覗《うかが》えますからご紹介しましょう。

《今回の事故に関して納得できぬことは、正しいことを正しく、誤りは誤りとして何故堂々と論陣を張れぬのかという事である。「民間航空路」なるものがどこに存在するのか？「航空路」はあくまでも航空機の通路であって、官民共用のものである。然《しか》るにいかにも〝民間機専用のルート〟があるかのごとき報道を訂正できない当事者の弱腰が情けない。どうして誤りを誤りとして指摘できないのか！

事故は事故、それは十分に反省しよう。しかし、それに付随した誤報をどうしてビシビシと指摘して訂正させることが出来ないのか。

まさに勇気無き不勉強なる上層部だといわねばなるまい。それとも、事故に気兼ねして遠慮したのか！このようなことでどうして国家を正しく導くことが出来ようか、全く頼りにならない。小役人、小市民の氾濫《はんらん》を嘆く。これら骨のない人間を造った根本は憲法にある。黒を白と言いくるめさえすれば、それが白として通用する、これが現行の憲法解釈である。

上層部はやがてまもなく〝民間〟に去る人間だから改正についても熱が湧かぬであろう。しかし若いわれわれは、これから二十年三十年も自衛隊に職を奉ずるのだ。

それなのに「自衛隊」そのものが、継子《ままこ》のように扱われ、日陰者的存在で卑屈でいやしく臆病に過ごしている。これは果たして耐えられることであろうか。従ってどんどん自衛隊を若い者達は去っていく。これは自然の理である。人間、同じ五十年の人生を過ごすにあたり、何故日陰者の身を選ぶか？

更に恐れるのは、自衛官も人間である以上、怒りはすべて平等であるという事である。何も自衛官だけは〝特別製の堪忍袋《かんにんぶくろ》〟を持っているのではない。「自衛隊などぶっ潰せ！」なる感情論が支配し、それをジャーナリズムが煽るとしたら、それこそ国家に不安の種をまくことになる。

「国民の生命財産を守るべき自衛隊が……」の声があるのならば、なぜこれを正論として取り上げ、自衛隊のバックボーンとして世論を統一しないのか。

平常において、自衛隊は不要とか憲法違反とたきつけておいて、今回のような時になると「国民のもの」という論は身勝手も甚《はなは》だしく、世論の不統一と国民の愚かな思想、ジャーナリズムの無責任な煽りを証明する以外の何物でもない。私が将来を恐れることはここにある。

保身に懸命な〝人格の優れた円満な〟高級幹部たちが去った後に残る若い青年は、必ずその不満を鬱積《うっせき》させるに違いないのである。

それが何かの切っ掛けで爆発する恐れなしとは誰も保証できぬ。その爆発こそは過去の三月、十月事件、五一五、二二六事件と同様の経過をたどるであろう。

しかし、恐るべきはその他にもある。即ち、昔は大義名分があり、民衆の貧困を救うという熱誠《ねっせい》があった。然るに現代の二十代の青年達の多くは、その道義的責任感が失われ、日教組の教育による自己保存のみの観念が支配的なのである。従ってそこに起こる反乱は、日ごろの鬱積した不満を晴らす行為以外の何物でもない。この反乱が起こらぬと誰が保証出来ようや。

掛川市における十九歳の隊員の校長刺殺事件、その他諸々の若い自衛隊員の驚くべき行動は、その氷山の一角であり、既に将来を予見しているのである。

自衛官たりといえども人間、しかも平均的日本人だが、軍のバックボーンたる「軍人の名誉」の存在しない〝武装集団〟である。何を持って歯止めとなすか！

今はまだ「良識」と「事勿《ことなか》れ」が歯止め？　であるが、幸か不幸かその歯止めが外れた時、この祖国日本はどうなるか！　それは恐るべきものである。このことに関して、果たして何人の日本人が気づいているか。新聞社はいたずらに中傷し、誹謗《ひぼう》することなく、正しく世論を導く使命がある。果たして記者連中の何人がその使命を自覚しているか。

この感情に支配された興味本位の儲け主義報道は、必ず取り返しのつかない禍根《かこん》を残すであろう。
今からでも遅くはない。自衛官は国家について、平和について、そして今なすべきことについて、原点に帰って出直すべきであり、いたずらに卑屈に、いうべきことも言わぬ態度を止め正論を堂々と述べる必要を自覚すべきである。国民も将来に大きな過ちを繰り返さぬよう、ここで原点に立ち返って考え直すよう、ジャーナリズムは猛反省して指導すべきである。
政治家という人種は、これは救いようのない代物で、これらに頼っていてはただいたずらに人柱を増やすだけである。先見の明なく、決断力なき指導者は、これを辞めさせ、いたずらに国民を煽動《せんどう》するごろつき政治家を処分し、何が国家として大切であるかを一億国民全部が静かに振り返る時間を設けるべきである。正論を引っ込め、このままでつくろっていけば、自衛隊の存在は国民の不幸となるばかりでなく、その存在目的と遠くかけ離れ、アジアの平和、世界の平和に大きなヒビを造り、二千年余の伝統ある祖国日本の歴史に大きな傷を造り、「歴史は繰り返す」ことを認識し、人間の愚かさ、教訓を利用できない愚かさを嘆くことになるだけであろう。今や総反省の時である》
わずか三十二歳の一等空尉時代に混乱した現場で書き綴《つづ》った憤懣ですから、内容には〝不適切発言〟が多々ありますが、雫石事故の渦中にあった若き自衛官、パイロットとしての心情を汲み取っていただけるのではないでしょうか。

こうして一〇日まで富士市に滞在して毎日同じような生活を繰り返したのですが、この間、指揮官の方針が決まらず決定が遅いので業務遂行《すいこう》は極めて困難でした。例えば人員の掌握《しょうあく》が悪いため毎日の宿泊数も弁当食の購入数も決まらず会計担当者は悪戦苦闘。行動予定が未定なので配車係も車の確保が出来ない。急に言われると、浜松や静浜基地から応援を呼ぶのが間に合わないのです。見兼ねた私が渡邊三佐に断って概数を指示すると、そんな時に限って空幕、幹部学校などから応援？　の一佐クラスがぞろぞろ来て車の手配が狂う。しかも到着するや否や本部要員の誰もまだ手も付けていない届いたばかりの弁当をいきなり要求し「腹が減っては戦《いくさ》は出来ぬ！」等と言うのです。

「武士は食わねど……の心意気は〝自衛官〟には適用されずか！　渡邊三佐はやっと一時過ぎに弁当を開けたが、食い終わったＶＩＰが無用の雑用を与えるので食事もままならず……」と当時の手帳に記しています。

この事故後、緊急対策要綱《ようこう》が出されるまでの間、空自の飛行訓練は一切中止されたので部隊は座学と体育の連続でしたが、この間にあった動きについて、ちょっと〝過激〟ですが「将校日誌」の中からピックアップしてみましょう。

八月二〇日＝防衛政務次官基地来訪時の感想

《会議室にて約一時間座談会に出席す。団司令の指名により発言するも、本論に入る前に次官の弁舌にさえぎらる。特に〝軍人〟なる語を用いて次官の反応を見るに、誠に滑稽《こっけい》、極めて敏感に〝軍人〟なる語に反応を示され、単に言葉尻をとらえた問答に終始す。なんと現代の政治家のスケールの小さきことよ！　日本の進路に、極めて不安を抱けり。（軍刑法無きを憂えて「われわれ軍人は……」と発言したところ、政務次官が私の発言を遮《さえぎ》って、「自衛官は軍人ではない……と強調したもの）

政治とは議事堂にて言葉尻をとらえていがみ合う猿芝居なるか！　防衛庁はもとより、政府や国会議員の将来は誠に寂しきものなり。哀れなるかな人生、かくの如き世界に入るべきにあらず。小人小人小人！》

○　八月二三日＝二二日午前一時二〇分頃、陸自朝霞《あさか》駐屯地内において、不寝番勤務中の一《いち》場哲雄《ばてつお》陸士長が、武器を奪おうと侵入してきた過激派（赤衛軍）に刺殺された時の感想。

《悲しきかな〝自衛隊〟〝国家公務員特別職〟。楽しきかな〝将星〟、パーティ、ゴルフに現《うつつ》を抜かし、部下の尊い犠牲の上で栄誉礼を受けつつあり。老兵よ去れ、マンネリ将星よ消えよ。既に貴官らは若き兵たちから見放されたり。今こそ若き将校の団結の時なり。一握りの暴漢の来襲さえ防げずして何が国防か！　目を覚ませ将官、気を引き締めよ佐官、団結せよ尉官。

勉強せよ将校、愛せよ部下達を。軍の根幹が腐りたる時は国が滅びる。その兆し十分なり。実力をつけよ〝自衛隊〟。訓練せよ〝国防軍〟。世間の目を気にせず信念を貫け。やめよ〝愛される〟自衛隊。立て〝信頼される〟自衛隊。われわれは政治家どもの遊び道具ではない。

真の憂国の士の部下である。国民のものである。諂《へつら》わず厳然として望むべきなり。》

五、飛行訓練再開

学生の飛行訓練は二ヶ月に亙《わた》って遅れることになったのですが、九月六日に飛行訓練一部再開のための団司令点検が実施され、八日から一部再開されました。飛行部隊はエンジンの音を聞くと士気が高揚するものです。

かくいう私も例の築城基地からT33で帰隊した八月二日以降全く操縦桿《かん》を握ることなく過ごし、九月一三日になって飛行したのです。これ以降第三三飛行隊と第一飛行隊は遅れを取り戻すため、土曜日曜を返上して訓練に励みました。第一飛行隊が土日を挟《はさ》んで二週間連続飛行訓練を継続すると、次の週は第三三飛行隊が二週間休まないのです。事故以降大幅に狭められた訓練空域を有効に活用するための緊急措置でした。

やがて一〇月三〇日に第三三飛行隊の七一－Cコースが、約十ヶ月掛かって基本操縦課程を卒業しFC－一一一として入隊してきたのを皮切りに、七一－Dコースが八ヶ月掛かってFC－一二として入隊、こうして基地挙げての涙ぐましい努力の結果、徐々に教育期間は正常に戻されていったのですが、基地全体から見ると、隊員達はもとより家族を含めて表面化しない多くの犠牲がその陰にはあったのです。

自衛隊非難報道は依然として止むことなく、いろいろな憶測《おくそく》が飛び交っていましたが、ある時檜《ひの》町《き》クラブ所属の記者が取材に来るというので、私と柴原二尉が応対することになりました。

記者は「フルード・フォア訓練」について詳細な質問の後、「浜松上空を通る航空路では民間機相手に攻撃訓練をしているそうだが本当か？」と訊《き》きます。余りにもばかげた質問でしたから一笑に付したのですが記者は真剣で、否定した我々を疑っているようでした。そこで実情を説明すると、「ここに来て直接教育を担当している教官から話が聞けて良かった」と理解納得したようだったので、誰がそんなばかげたことを言ったのか訊くと、ある新聞記者が「民間機相手の訓練」について質問したのに、制服側が明確に否定しなかったからだといい、最後にこう言ったのです。

「個人的に取材したある幹部が『あり得るかも知れないナ……』と言った。当然我々は君達よりも階級の上の人の言葉を信じる。しかし彼はパイロットではなかったから分からなかったのだろう。ここに来て初めて理解できた。今回の事故では要所にパイロットがいなかったのが悲劇だったな」

そう言われてみれば空幕長も防衛部長も飛行教育集団司令官も、皆パイロットではありませんでした。偶然にしては余りにも偶然過ぎて、記者がわざわざ浜松の部隊まで来た意味が理解できた気がしたものです。そして肝心のパイロットである空幕広報班長は極度の疲労で倒れたため、窓口が分散したというのです。事実だとすれば我が組織は広報戦略ですでに敗退していたということになります。

六、雫石事件直後の部内の反響

事故発生と同時に、教育集団司令部内では、各種報道機関の記事などを収集して分析しました。

「新聞抜粋集」と書かれたB４版の全罫紙コピーには、事故発生から八月初旬までの記事分析記録がありますが、これほどの量があるということは、いかに誤報道が多かったかという証明でしょう。手元の記録は「朝日」「毎日」「読売」の三紙分だけですが、分析されている頁の上部横見出しには「月日」「掲載面」「見出し」「誤文等」と書かれています。

例えば事故翌日の七月三一日付「朝日新聞」一面の「定期便航空路に侵入」という見出し記

事の「防衛庁は……前方を飛んでいた自衛隊機が全日空機の飛行を邪魔したかっこうになり接触事故を起こしたのではないか、として、今度の事故の原因が自衛隊側のミスにあるという事をほぼ認めた。運輸省航空局は自衛隊機はむやみに入ってはならない定期便航空路に侵入……」に対して、「(防衛庁が)この時点で認めるのはおかしい」と批判。

二面の「避けられぬ政治責任」という記事に対しては、「石橋社会党書記長は『……つまり政府が直接の加害者となった……』」と問題を政治に掏《す》り替えようとしている、と手厳しく批判しています。

同時に八月一日の「基本忘れた自衛隊機」記事の中で、「戦闘機パイロットが旅客機を近くに来るまで発見できなかったとは理解に苦しむ」と発言した「ある空将(事実は石川副長)」の発言に対しては猛烈な批判と反発が沸き起こっています。

また、富士市の遺族が、「いまさら弔問なんか……自衛隊に遺族の怒り」という記事には、「……この日の弔問は三十日夜に行う予定だったのが『夜遅くなったから』と一日延ばしたものだった。そのうえ、この日は午前九時からの弔問予定が一時間も延びたり、また、各戸に隊員一人を配置して救援に当たらせるといっていたのが、実際には行われず、隊員は市体育館での待機に変わった。……幹部を含め隊員二百二十七人と大量動員した割には『名目だけのおざなり見舞いではないか』などと遺族から声が出ていた。(中略)……連絡本部も幹部以外の隊員はこの日本部内のテレビで野球を見たり室内の長いすに身体を投げ出す者、階段に腰を下ろして雑談するものなど、百人を超える犠牲者の遺族を支援するムードはほとんど感じられない」とありましたが、これに対して担当者は、「確かに一現象として一部にはあったが、全般の流れを知らない記者の記事と思われる。例えば一戸に一人のアサインをしている。テレビはニュースのため常時入れてあったものだ」と反論しています。富士市の現場にいた私から見れば、遺族係が家庭に行っても、ほとんど「帰れ！　人殺し！」と罵《ののし》られて追い返される有様だったのです。

葬儀支援に出かけた隊員は、冒頭の『週刊新潮』で地元記者が語っているように、言語に尽くし難い仕打ちを受けたのが実態ですが、それは全く報道されていません。

また、中央から来たＶＩＰのほとんどは弔問要員だったのですが、制服姿で行くと罵られ、弔慰金として差し出した一時金を投げ返されて持ち帰った者もいたのです。それほど遺族の応対は凄《すさ》まじいものでした。対策本部で居場所がない隊員達が、長いすで仮眠したり、階段に腰掛けて雑談しているところを見た記者は、こんな悪意に満ちた記事にしたのです。

昭和六〇年八月に、日航機が御巣鷹山に墜落した時、救援に向かった自衛隊員に対して浴びせられた非難報道と体質は少しも変わってはいないといえます。

記事の内容が、一方的でかつ予断に満ちている以上、記録する方も大変だったようですが、記事には所詮《しょせん》素人談義が多いのだから仕方がない点はありました。その中でとりわけ内部の怒りが集中しているのは、前記の石川空幕副長発言記事でした。

「石川空将は……①全く自衛隊機の人為的ミスである。②86Ｆ機は民間航路のジェットルート上で戦闘隊形を組み攻撃隊形訓練を行っていた……」とする読売新聞（夕刊）の記事。さらに「〝弁解の余地ない〟自衛隊に慣れ油断。石川幕僚副長……」という見出しの記事には、石川副長の「民間航路でこんな事故が起こるなんて……編隊長には普段飛びなれているコースであり、ちょっと油断したのではないか……。二十五年前の古いジェット機だから全日空機との速度差を考えなくてはならなかった。とにかくファイター・パイロットが後ろから来たＢ７２７に気がつかないなんて、全くお話にならない。見張りが悪かったとしかいいようがない」「ジェット航路と同じルートを飛ぶのは全く悪い。慣れ、油断があった」という談話を引用して、記者は「ジェット機が通るルートは空の〝高速道路〟のようなものだ。これに乗って自衛隊機は飛行していたし、右に左に〝軌道訓練〟していたという。一体どういうことなのか」と書き、石川副長に「絶対に間違っている」「……それを並行して飛んだのだからまったく言い訳できない」と語らせているのです。

これに対して「この段階で判定できるだろうか？」という疑問が示されていますが、同時に「部下への思いやりがあるのだろうか」と書き込みがあります。石川発言に太い下線が引かれたり、楕円で囲まれているところを見ると、担当者のやり場のない怒りが伝わってきます。

しかも、事故を聞いた上田泰弘《うえだやすひろ》空幕長が「今度の事故は空自が悪いんだな。事故原因は自衛隊の故《ゆえ》だな」とパイロットたる副長の彼に確認したにもかかわらず、補佐すべき空幕長に対して記事と同様な助言をして、「ならば俺が責任を取る」と辞職させ、その後釜に昇進したのですから現場の怒りは収まらなかったのも当然でしょう。ある一佐は、「直接の動機や原因に関係なく、事故があり百六十二名が亡くなられたことはわかっていても、早期に謝り続けたことも、既成事実を作ってしまったと思う」と控えめに語っています。事実、事故調査も始まらないうちから軽々に記事になったこの石川発言が、後の裁判にも大きく影響して防衛庁・自衛隊は不利な戦いを強《し》いられたのでした。

防衛庁側の弁護士が、「この事件で一番残念なことは『全日空機が自衛隊機（市川機）に訓練空域内で追突した』という事実を、新聞紙上で広く国民に知らせることが出来ず、今でも雫石事件を覚えている人々が『自衛隊機が航空路で訓練を行った上に全日空機に衝突した』ものと誤解のまま放置されていることである」と語っているように、空自は事実を事実として訂正する意欲に未だに欠けています。

ある元空将も、「別の事故で操縦者が取り調べを受けた際、警察署はむしろ丁重かつ慎重に扱ってくれているが、それは彼らの方が雫石事件から学んでいるようだ。むしろ我々の方が、かつて雫石事故直後に空自高官（パイロット）が法的責任を考慮しないまま、『大型機に気がつかない方が悪い』と、戦闘機パイロットの世界でしか通用しない軽薄な発言をして、その後の世論及び裁判に重大な悪影響を及ぼしたことを反省すべきである」と話してくれたのですが、それはこのことを意味しています。

内輪でいくら不満を語っても、全く解決にはなりません。航空事故撲滅《ぼくめつ》のためにも、真実を公開し、国民に知ってもらうことこそが、事故の未然防止に直結する、と私は考え『古い事件だ』と無視されようとも、あくまでも真実を追求したいと思い、これを書いているのです。

第1章

事故に至る経緯

一、千歳空港に着いたB727

それでは当日、予定を大幅に遅れて千歳空港を飛び立った全日空58便の経緯を、七月三一日付の朝日新聞「運命の五三分：予定便変更で生死を分けた四十二人と二十五人」という記事から再現してみることにしましょう。

《飛行機の遅れがひどいため、たまりかねて一便予定を早めて命拾いした四十二人と、「みんな一緒の飛行機で帰ろう」と一便遅らせて遭難した二十五人と——空中衝突した全日空58便の五十三分の遅れの離陸が団体客の「生」と「死」を分けた。

日本旅行高知営業所などが募集した北海道観光旅行団に参加した高知県土佐市の高岡農協の四十二人は〝運命〟の全日空58便（千歳発予定午後零時四十分）で東京へ向かう予定だった。ところが、この日は羽田空港上空の〝慢性ラッシュ〟や、飛行機の整備などのため、千歳発の便が軒並み二十分から一時間あまりも遅れており、58便も相当遅れる見込みになったため乗り継ぐ予定の大阪行き29便に間に合わなくなる、と急ぎ一便前の82便に乗り換え、危機一髪で難をまぬかれた。

一方、遭難した静岡県の吉原遺族会の一行百二十五人のうち百人はもともと58便に乗ることになっていたが、二十五人は58便の席が取れなかったため、82便で一足先に東京へ向かうことにしていた。ところが、飛行機の遅れで、高知の団体のほか、一般客の中にも予定を変更して早い便に乗る人が続出して58便の席が空いたため、「楽しい旅だからみんないっしょに帰ろう」と、二十五人はわざわざ一便遅らせて五十三分後に出発した58便に乗ったという。》

この記事は、「予定便変更で生死を分けた旅行者達」、特に静岡の遺族会の〝悲劇〟を伝えるものですが、当時の航空界の状況を窺《うかが》い知る貴重な記事でもあります。つまり、事故の重大さから、離陸後の双方の航跡と、衝突時の状況についてはつぶさに分析が試みられているのですが、当該乗員達の当日の行動についてはあまり触れられていないからです。

話は少しそれますが平成二四年四月二九日、群馬県藤岡市の関越自動車道で七人が死亡、運転手を含む三九人が重軽傷を負った「高速バス衝突事故」が起きましたが、この時の運転手は「日雇い」で、日本語が不自由な「帰化中国人」でしたが、バス会社は「業績を維持するため、バス業務を拡大し一人乗務という過酷な勤務状況」だったため「疲れて居眠りした」と言っています。そこで会社側の管理責任が追及されることになりましたが、この時の58便もかなり過酷な業務でした。

平成一〇年年九月に、膨大《ぼうだい》な資料を分析した『追突』（日本評論社）を出版した足立氏は大正一三年東京生まれ、海兵七三期、慶応大学文学部卒、昭和二七年に朝日新聞社に入社、各地の支局長を歴任して著述活動に入った方で、「まえがき」にこう書いています。

《(前略)判決の内容を見ると、各裁判所の判断はかなり大きく違っている。特に目立つのは、刑事裁判の二審仙台高裁で、訓練生の無罪が確定したこと、最高裁が教官の刑を執行猶予としたこと、民事裁判では、一審の東京地裁が「全日空機操縦者らは、接触するまで全く訓練機を視認していなかった」と推認したことなどである。また同地裁が**「事故直後にテレビ、新聞などがこぞって自衛隊機の一方的過失によるものと報道していたことは、当裁判所に顕著な事実である」**と判示したことは、注目されてよいだろう。

長い裁判は終わった。が、事故の真相は果たして究明されたといえるであろうか。判決文をはじめとする裁判記録、遭難対策本部の文書、新聞報道のほかに再取材も加え、大惨事を改めて検証してみた》

さて、話を事故当日に戻しましょう。

昭和四六年七月三〇日、この日の58便のクルーは、川西三郎《かわにしさぶろう》機長(四一)、辻和彦《つじかずひこ》副操縦士(二七)、D・M・カーペンター航空機関士(三〇)と四人のスチュワーデス達でした。

川西機長は関西学院大経済学部卒業後、昭和三〇年四月に陸上自衛隊幹部候補生学校に入校、

基本操縦課程を経て、第三、第一〇航空隊などでL5、L21、LM1、T34などの小型機を操縦、約六年間陸自に勤務した後、昭和三六年四月に退職し五ヶ月後に全日空社に入社しています。

全日空での操縦歴は、ダグラスDC3、コンベアCV440、フォッカーF27の機長を務めた後、B727に移り、事故直前の昭和四六年六月七日に機長資格を取っています。総飛行時間は八〇三三時間四四分で、全日空入社後の機長飛行時間は四三五三時間三四分、B727は二四二時間五分でした。

辻副操縦士は昭和四〇年一〇月に全日空に入社後、三年後にYS11の副操縦士、ついで昭和四五年八月にB727の副操縦士に発令されています。

カーペンター航空機関士は昭和四五年二月に全日空社に入社し、二ヶ月後の四月にB727の航空機関士に発令されています。そしてこのクルーは、この日三回目のフライトで事故に遭遇したのです。

『追突』には、《川西機長、辻副操縦士、カーペンター航空機関士の三人は、この日朝一番の上り便である千歳発午前八時四十分、羽田着十時の50便から同じクルーだった。遭難した四人のスチュワーデスとは、57便、58便を共にした》とあります。

つまり、スチュワーデスを含むこのクルーは、事故直前に羽田から千歳に飛び、操縦者は三回目の千歳——羽田間のフライトに臨もうとしていたのです。そして、この日朝一番の羽田行き50便で、**クルーは午前九時過ぎに盛岡付近上空で「自衛隊の二機編隊」を目撃**しているのです。

《当時の乗客の話によると、辻副操縦士が飛行機の速度、高度などを客室にアナウンスしていた時である、突然声が途切れた。五秒ほどしてから、「左手に自衛隊機の編隊飛行が見えます」といって終わった。後でスチュワーデスがこの時の模様を尋ねたところ、辻副操縦士は「自衛隊機にヒヤッとしたんだ」と答えている。(『追突』)》

この時辻副操縦士が目撃した編隊は、浜松から松島派遣隊に異動していた私の同僚の小野寺《おのでら》康充《やすみつ》教官が訓練していた編隊ですが、彼は訓練生機の下を通る全日空機を見つけて学生機に注意をしているのです。辻副操縦士はアナウンス中に、〝頭上を飛ぶ〟86Fを見て「ヒヤッ」としたそうですから、ならば、その後のフライトでも見張りを厳重にすべきだったでしょう。それが多くの乗客の命を預かる操縦士の常識です。

羽田に着いた50便は、直ちに羽田発57便として午前一〇時五〇分羽田を離陸し、千歳へ引き返す予定でした。計画では羽田到着は一〇時でしたから、離陸までは五〇分しか余裕がありません。乗客の乗り降り、荷物の搬出搬入、機体の点検整備を考えると、実に神業《かみわざ》的なスケジュールで、「空自的」表現を用いればこのクルーは「スクランブルの連続」だったといえるでしょう。

クルーだって〝人間〟ですから生理現象は避けられません。約五〇分間でディ・ブリーフィング（飛行後の打ち合わせ）、続いて次の千歳行きのための気象ブリーフィング、ディスパッチャー（運行担当者）との打ち合わせ、クルーの確認、機長ブリーフィングなどを終えて、機体点検を完了してコックピットに乗り込むのですから……。

しかし飛行前点検で、コックピットの防氷装置に不具合が見つかったため、出発は三九分遅れの午前一一時二九分になってしまいました。

その結果として、千歳到着は午後零時半を確実に過ぎていたはずです。「はずだ」というのは57便の千歳到着時刻の記録を見ていないからですが、飛行計画から飛行時間が約一時間二〇分だとしても零時五〇分になる計算です。ところが千歳発58便の飛行計画書によれば、出発予定時刻は午後一時一五分だったといいますからここに大きな問題が生じてきます。『追突』にはこうあります。

《運輸省千歳空港事務所に提出され管制承認を受けた飛行計画書（フライトプラン）によると、出発は午後一時十五分、計器飛行方式による飛行で、巡航速度四九〇ノット（約九〇七キロ）、巡航高度二八〇〇〇フィート、予定経路はジェットルートＪ10Ｌ、函館ＮＤＢ（無指向性無線標識施設）、ジェットルートＪ11Ｌ、松島ＮＤＢ、ジェットルートＪ30Ｌ、大子ＮＤＢ、ジェットルートＪ25Ｌ、佐倉ＮＤＢ及び木更津ＮＤＢ、羽田着予定時刻は午後二時三十五分であった。
実際にはこの飛行計画より遅れ、午後一時二十五分駐機場から地上滑走を開始（ランプアウト）し、一時三十三分ころ離陸した》

『追突』には　このように淡々と57便、58便の行動が書かれていますが、前述したように千歳到着後のクルーの行動は全く不明で推察するしかありません。しかし、少なくとも川西機長が計画した「計画書」の出発予定時刻午後一時一五分では、57便として千歳に到着後、58便としてランプアウトするまでの彼らには〝自由時間〟がほとんどなかったであろうと推定できます。

仮に57便が午後零時五〇分に到着（ランプイン）したとしても、58便としてランプアウトするまでは二五分しかないのです。この間に各人が生理現象を処理し、運行担当者と調整し、クルーと各種打ち合わせをするのは容易なことではなかったはずです。

整備上も、羽田出発時にトラブルが生じた「防氷装置」の再点検を行わなければなりませんし、その結果は機長に報告されなければならないはずですから、そんな多忙な中でのクルーの「昼食時間」は取れなかったに違いありません。それとも同じクルーだったわけですから「阿《あ》吽《うん》の呼吸」で打ち合わせは省略したのでしょうか？

こうして千歳午後零時四〇分発だった58便は、五三分遅れの午後一時三三分に離陸することになるのですが、クルーは一体どこで昼食をとったのだろうか？　というのが私の当初からの疑問です。

二、松島基地の「第一航空団松島派遣隊」

松島基地は、もともと86F戦闘機を装備する2個飛行隊を持った航空総隊隷下《れいか》の戦闘航空団でした。この頃空自は、第二次FX機種選定で86Fの後継機に決定されたF4EJファントム戦闘機の導入に取り組んでいましたが、F4EJは二人乗りであったため操縦者養成量は一気に増大、そのためパイロット教育を担当する飛行教育集団は空域の拡大、養成施設の拡張が急務でした。

特に浜松の第一航空団では、教育限界の分析検討の結果、少なくとも86Fによる「戦闘機操縦課程」の一部を浜松から移動し、T33を用いた「基本操縦課程」に浜松の訓練空域を明け渡すことが要求されていたのです。そこで松島基地の第四航空団所属の86F飛行隊のうち、一個飛行隊を「第一航空団松島派遣隊」として教育部隊に改編し、戦闘機課程を二分化することとされたのです。

こうして誕生する「松島派遣隊」は元々戦闘航空団隷下の第一線部隊で、パイロットも第一線の戦闘機乗りでしたから、基本操縦課程を卒業し、ウイングマークをつけたばかりの若いパイロット達に空中戦闘の基本を教えるためには、まず戦闘部隊のパイロット達を「戦闘機操縦教官」に仕立て上げる必要があります。そこで浜松の第一飛行隊からベテラン教官たちが順次松島に転勤していき、教官教育が始まっていました。一方、浜松の第一飛行隊でも、学生の教室不足や教材の不足などで悩んでいましたが、基本操縦課程を受け持つ第三三飛行隊の教育環境の方はさらに窮屈でした。

河原崎輝男・第三三飛行教育隊長は、二〇年史の中で次のように当時を振り返っています。

《一二〇時間教育体系への移行、計画外学生の受け入れ、或いは教育増に伴う教官養成の急増等、めまぐるしい日々が続いた。幸福にも、この変革期に全員がT33経験の豊富な教官パイロットであり、加えて気心の知った86D出身の教官パイロットが半数近く配置されていたから皆が良く協力して頑張ってくれた。しかし、一方においては増加された学生のため、オペレーションルーム、ブリーフィングルームは超満員で前後段（学生数が多いため、ブリーフィングを前後段に分割していた）の入れ替え時期にいつも教官諸君を悩ましたものだ。近代的な飛行教育部隊に「廃棄された人員輸送車（注・大型バス）の教室」では不釣合いだったが、教室不足解消の一助となればとの気概で、スクラップ輸送車の教室で汗を拭いつつデ・ブリーフィングを受けている教官課程学生の姿が今でも目に焼きついている。

第二次大戦中に戦場で受けた飛行教育は私の心の奥底に強く焼き付いているが、如何なる環境下にあってもそれを活用させることが教育本来の姿であると、時代の経過とともにひしひしと痛感している次第です》

私が着任した頃の浜松基地は、このように極めて多忙な変革期にあったのですが、松島派遣隊の体制が整い、飛行教育を開始したことによって、五月初旬に三三飛行隊で基本操縦課程を修了したコースから、第一飛行隊で86Fによる単独飛行（ソロ）が終わった時点で、コースの中から数名ずつ松島基地に転属させるという、極めて煩雑《はんざつ》な教育業務が開始されたのです。

振り分けられる学生にとっても、落ち着かなかったことでしょうが、そんな最中の七月（事故当月）に、このような〃変則的教育システム〃を作った司令官が空幕副長に転出し、その後にパイロットではない司令官が着任、第一航空団でも団司令、その直属の飛行群司令が交代するという大幅な人事異動が行われました。そして時の空幕長には、これまたパイロットではない上田泰弘空将が着任しました。

この人事異動で、旧陸軍出身者が航空自衛隊飛行教育部隊の中枢《ちゅうすう》を占める結果になり、しかも、空幕長も飛行教育集団司令官も空幕防衛部長も、偶然にも「パイロット」ではない高官達が占めることになったのですが、これが事故発生直後の「広報」を含む諸活動に大きな支障をきたした、のは前述したとおりです。例えば、事故編隊は「フルード・フォア」という空中戦闘に備えた「戦闘機動隊形」を訓練中だったのですが、フルード・フォア隊形とその教育の実態について熟知していた高官は皆無に近かったのです。そんな状態だったのですから、ただでさえ自衛隊側の責任にしようと虎視眈々《こしたんたん》と狙っている記者達に、航空自衛隊は合理的な解説が出来ず、ただ単に「フルード・フォア」を「『機動隊形』と称すること、編隊長（教官）機と2番機（学生）との間は三次元的に距離間隔が大きいため、長機の機動についていくためには、まず見失わないことと、速《すみ》やかな行動を取ることが要求されること」という、そんな専門的な説明を航空知識に乏しい記者達にしたものですから、「航空路でアクロバット飛行」とか、「民間機を目標に攻撃訓練をしていたのでは？」という憶測に結びつき、これが国会でも取り上げられ、大きく報道され、国民の中にも非常な怒りが渦巻いたといえます。

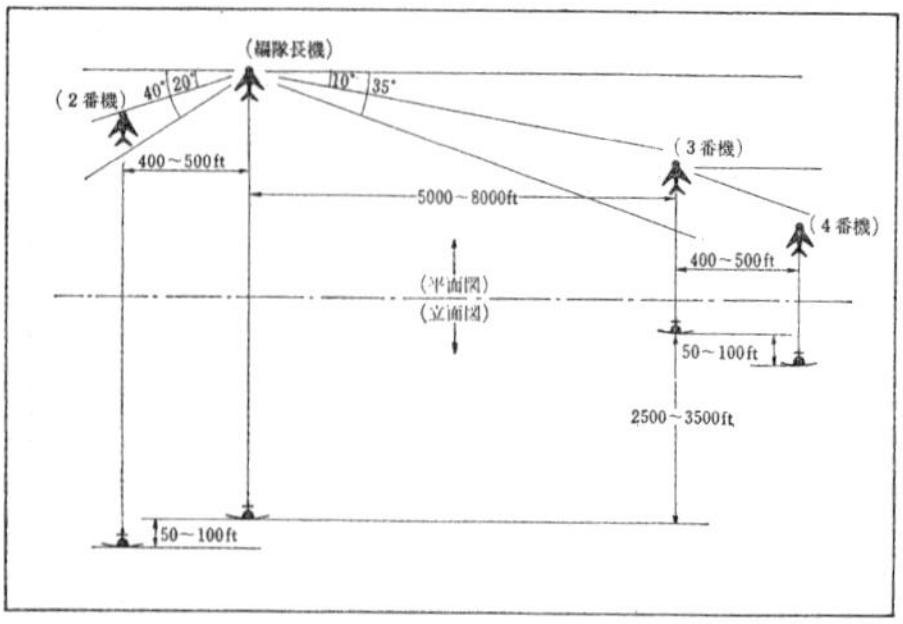

機動隊形

　訓練中だった2番機の市川候補生は、当時で既に総飛行時間は二六六時間を越えていましたが、86Fは二一時間でしたから、これがまた井戸《いど》剛《つよし》東海大学教授の「無謀操縦」「無免許運転」

という極言《きょくげん》につながり、「未熟なパイロットは飛ばなければ良いのだ！」という発言まで浴びたのです。

浜松でこれらの報道に接して切歯扼腕《せっしやくわん》していた私は、中央のパイロットである「広報担当者」が過労でダウンし、広報活動が全く後手に廻っているとは考えもしませんでした。

それが分かったのは、事件後の一一月に、前述した檜町クラブの記者が浜松基地に来て、その取材を受けた時だったのです。

とまれ、浜松の第一航空団に着任したばかりの荒井勇次郎団司令（陸士五三期：操縦）は、部隊掌握のために松島基地と浜松基地を往復するという変則的な行動を余儀なくされて極めて多忙でしたが、事故後の記者会見は派遣隊が所在する松島基地司令の担当でしたから、自分の部下である当該教官に対する事情聴取もままならないという、これまた変則的な状況が生じていたのです。

つまり、内部組織の不適切な対処が「疑心暗鬼」の記者団達をさらに疑い深くする結果になったのです。指揮系統も複雑で硬直しており、その上飛び交う「専門用語」が理解できない記者団が「イライラ」した気持ちも分からないではありません。

以上のように、事故直後の空白は、松島と浜松という、離れた位置関係にある部隊間の〝変則的な〟指揮統率関係にあった上に、中央では部隊の細部を熟知した担当者が不在だったのですから、事故調査においても広報活動においても、初動対処で既に〝敗北〟していたといえるでしょう。

第2章

空域の状況

一、問題が多い日本の空

七月一日、松島基地に新たに「第一航空団松島派遣隊」が新設され、東北地方の青森と岩手・秋田の北部を除く局地訓練空域を使って訓練が始まりました。勿論、空域は第四航空団の戦闘機部隊と教育担当の派遣隊が共用することとされていましたが、学生訓練のフルード・フォア課目は、いわゆる「曲技飛行」を伴ったものではなく、機動編隊としての基本飛行要領を習得させるのが主眼ですから立体的で広大な空域が望ましいわけです。従って、戦闘訓練や曲技飛行を伴う訓練で使用する狭義の訓練空域を束ねて、例えば「横手」とか「米沢」などという細分化された空域を含んだ拡大空域を使用する。この時の派遣隊でもこのようにして空域を指定していました。

空域は錯綜《さくそう》する航空路を縫うように設定せざるを得なかったのですが、当時の航空法では、航空路内での急激な姿勢の変化を伴う飛行、つまりアクロバット飛行は禁止されていたものの、航空路内をVFR下で飛行することは許されていました。しかし、民間航空が発達してジェット化するに従い、高高度を飛行する便数が増えてきたので、空自では、航空路を横切る場合には、極力「直角かつ直線的」に横断し、さらに編隊間隔を緩めて見張りを厳重にし、いつでも回避行動が取れるように指導されていたのです。

例えば浜松基地では、内陸部で訓練して帰投する場合、どうしても基地上空を東西に横切っている航空路（G－4）を横切らねばなりません。そこで進路を南にとり、編隊間隔を広げて一気に海上に抜けることとされていました。勿論、G－4上を民間機が飛行している場合には横断しませんでしたし、通過予定時刻が管制官からアドバイスされていました。

このように、民間の航空事業が発達し、民間機の速度が速くなり飛行高度も高くなってくると、ただでさえ狭い日本の空が過密になることは避けられません。それを予期した空自ではニアミスや衝突事故防止を主題にした特別監察を昭和四五年七月から一二月まで実施し、空幕ではこの結果を「航空行政に対する安全対策要望」という防衛庁案として「空中衝突事態発生の危険が増大している」ことを指摘した報告書を政府に提出し、公表もするつもりだったのですが、「飛行安全監察報告書」が完成したのは、皮肉にも事故の後でした。しかし、それ以前にもその危険性について我々パイロットは身近に感じていて、何とかすべきだ、と思っていましたが、空中で身近に感じることがない地上勤務者にはなかなか理解できなかったようです。

例えば、昭和四五年一一月に『空は危険がいっぱい』(毎日新聞社）という著書を出した旧海軍パイロットで、戦後は空自パイロットであった奥宮正武《おくみやまさたけ》氏は「まえがき」にこう書いています。

《近年、わが航空界の躍進は目覚しい。が、同じような理由からであろう、航空関係の重大な政策の立案や、大事故その他について発言するのは、主として地上に職を持つ人々である。ところが、それらの人々の発言内容には、例えそれが責任ある当局者や著名な学者のものであっても、現役のパイロットやかってその経験を持つものには、明らかに誤りであると思われるもの、納得のゆかないものが少なくない。もし、今後ともこのような状態が続くならば、わが国の航空界の健全な発達は望み難いであろう》

まさに慧眼《けいがん》です。自ら操縦桿を握っている私としては、ここに書かれている内容はごく当たり前の認識でしたが、皮肉なことに、このことが雫石事故を通じて事実であったことが証明される結果になってしまったことは極めて残念でした。

空自内部においても、おそらく全日空社内においても、勿論、航空行政を司《つかさど》る運輸省（当時）も、一部の空中勤務者は自覚していたものの、総じて関心が薄かったようで、その結果が事故調査はもとより、その後の裁判においても、隔靴掻痒《かっかそうよう》の感が否めないものとなって現れたように私は感じています。

特に航空界の実情に無知な報道陣や、一部の専門家？　達の無責任な発言には言葉もありません。日本人に限らず人間は皆——予言者でない限り——事が起きてから慌てて対策を施すのが常です。未だに尽きない各種事故を見れば、何らかの兆候が現場では認識されていたにもかかわらず、それが権限を持つ者に届かないか、届いても例えばこの事故のようにパイロットではなかったため、理解できなかったか、それとも何らかの事情で意図的に無視されるか、という図式が多いのです。

奥宮氏は自著『空は危険がいっぱい』にこう続けています。

《いま静かに、わが国の航空界の現状を眺め、将来を想うとき、ますます増大する期待や希望にもかかわらず、それらの実現を妨げる幾多の難関が前途に横たわっていることを痛感する》

その「難関」とは、いくら現場から声を上げても、上に届かないばかりか、問題の本質を掏り替えられるという、組織が大きくなればなるほど「実現を妨げる幾多の難関」が、まるで障害物競走のハードルのように並んでいて、ゴールに達する前に息切れで棄権？　するようなものでした。

航空行政全般を取り仕切る運輸省と、空自という「空軍戦力」を保有する防衛庁との〝格差〟等もまた、阻害要因であるということも、現場は肌身で知っていたのです。

そしていざ事件、事故発生！　となるや、自己保身に走る責任者等が、他人のせいにして切り抜けようと躍起になったり、事故の本質を見極め、再発防止に取り組むというような根幹からの改善はなされないことが多かったように思います。この事故後も、内情をよく知る者が見れば、役所間の連携の悪さが目に付いたことでしょう。〝縦割り行政〟〝縄張り意識〟の弊害のみならず、さらに政治家達が絡みましたから複雑怪奇、問題の本質はいつも掏り替えられることが多かったのです。

この経緯は「原発事故」や関越道での「高速バス衝突事故」に酷似しているとは思えませんか？

記者会見の場では判を押したように頭を下げ、「二度と事故を起こさないよう……」と反省しますが、舌の根も乾かぬうちに事故は二度、三度と再発します。その根幹には、実情を知る「プロ」の意見が色々な面で阻害され、健全な意見が無視される傾向にあるからであり、事故が起きるとその責任は「当事者」に集約され、処罰されて一件落着になるからではないのでしょうか？

昭和六一年八月に発生したＪＡＬ１２３便の御巣鷹山への墜落事故も、機体整備の〝専門家集団〟による修理ミスと検査ミスが重なったことが原因だったのですが、この機体は飛行中にも数々の「不具合」が指摘されていたにもかかわらず、何ら手が打たれないまま、恐るべき大事故が発生し、五二〇名もの命が失われたのでした。当事者罰という制度は、現行刑法上では止むを得ないことなのかもしれませんが、真因が突き止められない限り、事故防止は困難です。

奥宮氏は続けます。

《特に気になるのは、わが国の空が、年とともに、過密状態となりつつあることである。このことは、単に航空機による旅行の遅れを意味するだけではない。それは飛行の危険を意味する。というのは抜本的な対策が講ぜられない限り、空中衝突その他の致命的な航空事故発生の温床となりうるからである。それはまた、わが国策の一つである航空機の自主的な開発や生産の見えない大敵でもある。更には、航空輸送事業にも重大な支障をきたすであろう。空の防衛に幾多の影響を及ぼすことはいうまでもない。こう見てくると、多くの希望的な観測に反して、わが国の空には危険が満ち溢れているといっても過言ではなかろう》

この奥宮氏の言葉にあえて付け加えるとすれば、「自衛隊は軍隊ではない」という発言に象徴されるように、「軍事法廷」、つまり軍事裁判がなく軍刑法もない以上、根本的な改善は望み得ない、つまり〝空軍〟を〝警察・運輸省〟が調査した雫石事故に始まり、〝海軍〟の「なだしお」事故、「あたご事件」で証明されていますが、誰一人としてこの問題に正面から取り組もうとはせず、放置されたままですから、未だに抜本的解決がなされていない、と私は思っているのです。

昨今、健全とはいえない「内部告発」による信じ難い事件事故隠しが公表されている裏にも、そのような組織の硬直化に対する現場関係者のある種の〝義憤と正義感〟が作用しているのではないか？　と私は感じています。

旧海軍戦闘機乗りとして幾多の戦闘場面を潜り抜け、戦後は空自に入隊し、昭和三九年に空将で退官した奥宮氏は、昭和四五年一〇月にこのことあるを既に「予言していた」のでした。

二、松島派遣隊と臨時訓練空域の設定

この日、松島派遣隊では、好天に恵まれて学生教育は進展していました。通常、飛行隊の現場における直接指揮は飛行班長が取り、隊長はその監督に当たります。ブリーフィング・ルームに集合した教官と学生達は、まず気象予報官からこの日の天候を解説され、次に安全担当教官が学生達に「緊急手順」を反復演練させます。空中で緊急事態に陥った場合、単座機の86Fでは、チェックリストを取り出して手順を見ながら操作する余裕はありませんから、全ての手順を間違いなく頭の中に叩き込むと同時に、体が動くように学生達に「叩き込んで」おかねばならないからです。学生にとっては一番緊張する瞬間ですが、自分の命がかかっているからおろそかには出来ません。

次に主任教官が今日の訓練の主眼事項を確認し、次に飛行班長または訓練幹部が全般注意事項を与えた後、飛行隊長が全計画を承認していったん解散し、スケジュールに従ってそれぞれの受け持ち教官と学生が個別のブリーフィングに入ります。

この日の記録によると、隈教官は午前一〇時三〇分から一一時四〇分まで藤原学生と、午後一三時三〇分から一四時四〇分まで市川学生と飛ぶことになっていました。

一方市川学生の方は、午前一〇時三〇分から一一時四〇分まで木村教官と飛ぶことになっていましたから、事故発生時のフライトは隈教官も市川学生もこの日二度目のフライトでした。

この頃派遣隊本部・運用班長の土橋三佐は、訓練する編隊に訓練空域を割り当てるため、空域を共用している第四航空団飛行幹部と調整しています。ところが、前日に調整済みであった横手、月山、米沢、相馬は、第七飛行隊が使用する予定であることが分かり、申し合わせのとおり基地に同居している派遣隊は空域を第四航空団に譲っています。派遣隊ではこの日六人の学生に二回ずつ飛行教育する計画でしたから、どうしても空域が不足します。急遽空域を再設定しなければならなくなった土橋三佐は、壁に貼られていた航空地図で再検討し、横手空域の北東側に空域が取れると判断しました。ところがこの地図は、一般的な「航空図」でしたから、二四〇〇〇フィート以上を飛行する場合に設定されている「ジェット・ルート」、つまり、58便が飛行する予定だった「J11L」は記載されていなかったのです。カラーネームが付けられた一般的な航空路は、中心線から幅5マイルの太い「道筋」で示されていますが、高高度用のジェット・ルートは、単純な一本の線で示されていますから、おそらく一瞬J11Lは思い浮かばなかったのでしょう。

謹厳実直、真面目な性格の土橋三佐は、翌年五月に盛岡地裁で行われた第一二回公判で、検察側証人として出廷し、「部下に訓練空域を割り当てた際、J11Lのことを忘れていた」と正直に証言しましたが、それはこのことを言ったのだと思います。しかし、この証言は裁判官よりもメディアの総攻撃を受けることになりました。五月一七日付の読売新聞は、「自衛隊側が重大証言」、「教官の土橋三佐」が「私が設定した空域・民間空路忘れていた」との見出しでこれを報じています。勿論「民間空路」などと土橋三佐が言うはずはありませんが、国民は「民間空路に自衛隊機が侵入して起きた事故」と思い込まされていますから、効果は絶大でした。

それぱかりか、空自内はもとより、素人集団である内部部局の一部からも〝ずさんな計画〟だと個人的非難が渦巻く結果になったのですから、ある意味で、この報道が裁判に「決定的な」悪印象を与えたと言っていいでしょう。身内の一部制服幹部からさえも「何をしていたんだ！」という非難の声が聞かれたからです。

しかし、この事故は58便の方が86Fに「追突」したのですから、土橋三佐が空域選定時にJ11Lを一時的に「失念」していたとしても、衝突の原因とは無関係で、さらに58便はJ11Lを当初から無視して、遅れを取り戻すために仙台VORに直行し、臨時訓練空域内に侵入したと思われ、非はB727にあります。けれども自衛隊悪玉説を強調する側にとっては、土橋三佐の証言は格好な攻撃材料になり、彼はメディアからも〝身内〟からも「スケープ・ゴート」にされてしまいました。

　土橋三佐は、空域が不足したことを小野寺主任教官に説明し、壁の航空地図上に手のひらで「相馬」空域に代わる臨時の空域として「盛岡」を示しました。それが横手空域の北東部の空域で、盛岡市を中心とする臨時訓練空域でした。

　当時は、松島基地の局地飛行空域全域を「広義の訓練空域」と称し、その局地空域内の航路によって囲まれ細分化された「横手」「月山」「米沢」「気仙沼」「相馬」の五つが狭義の訓練空域とされており、新設された松島派遣隊の準則も、原則として第四航空団の飛行訓練準則の規定に従って作成されたものでした。

　裁判などではこの「訓練空域」が問題視されていますが、「訓練空域」はあくまでも空自が自主的に設定したもので、法的根拠に基づくものではないのです。

　事故が発生した空域は、第一航空団松島派遣隊が、飛行訓練準則において飛行訓練上安全を確保するために設定したものですが、航法、模擬不時着訓練、計器出発・進入訓練、その他止むを得ない場合には、制限空域内に立ち入っても差し支えないことになっていました。

　土橋三佐は、このような立場を弁《わきま》えた上で決定し、この変更を順次飛行班長、飛行隊長に説明して了承を得ています。ただ、事故後に出張から帰隊した寺崎派遣隊長は、臨時空域決定経過を聞いて叱責《しっせき》したというのですが、何をどのように叱責したのは不明です。不謹慎な言い方を許してもらうならば、これも事故が起きていなかったなら、さほど問題にされていなかったに違いありません。

ただ、これはレーダー監視下にない、目視が重視されていた当時の輻輳《ふくそう》した空域の、それも指揮系統が複雑な部隊の意思決定の複雑さが齎《もたら》したものだといえなくもありません。

奥宮元空将が指摘していたように、それほど錯綜《さくそう》した航空路が野放しになっていたのであり、その根源は、大東亜戦争敗戦後に日本の空を占領した米空軍の〝遺産〟が全く顧《かえり》みられないまま「放置」され続け、いち早く軍事航空として復帰した自衛隊が、それを踏襲《とうしゅう》していたものの、民間航空の発達とともに、「衣替え」の時期が来ていたのでした。にもかかわらず、監督官庁も政治も、全く無関心であったことが原因だ、と私達パイロットは痛感していました。

その現状把握が昭和四五年に行われた「飛行安全特定観察」であり、調査される側であった私も、空中衝突や異常接近を防ぐため、機体の色を目立ちやすく塗るとか、航空路周辺を飛行する場合は、ブルーインパルス機のように煙を出すとか、パトカーのように強力な衝突防止灯を装備して点滅させるとか、今考えれば実に「幼稚なアイデア」や、直ちに実施できることとして、航空総隊隷下にある航空警戒管制レーダーを活用してその「モニター下に置く」というものなどを挙げました。

しかし、実戦部隊である航空総隊では、ＧＣＩ訓練（レーダーサイトと連携して要撃戦闘する訓練）では支援するが、教育訓練部隊である飛行教育集団の通常学生訓練を支援するという余裕はなかったように思います。しかし我々は同じ空を飛ぶ者として、それほど真剣になって検討したものです。

そんな現場の切実な要望をも含んだ観察結果を踏まえて、部内はもとより、政府に要望されるであろう「航空行政に対する安全対策要望」だったのですが、時既に遅し！　でした。

三、朝日新聞記者の冷静な分析

七月三一日の朝日新聞に「空中衝突危険いっぱい」と題した座談会記事があります。出席者は渡辺正《わたなべただし》・元空自総隊司令官、小山昌夫《こやままさお》・運輸省航空局東京空港羽田主任管制官、関川栄一《せきがわえいいち》郎《ろう》・航空評論家の三人で、司会者の「訓練空域が、空路にはさまれているのは、問題ではないか」との問いに、渡辺氏は「航空路の〝あき〟は、だんだん狭くなっている。関東も大阪も、北九州周辺も、その例に漏れず、三角形の空路のスキ間を訓練空域に採用せざるを得なくなっている。高度も、民間機がジェット化されてきている結果、航路と訓練空域が重なってきている」といい、小山氏は「空路と訓練空域の間に緩衝《かんしょう》地帯を設ける必要がある。ジェット機時代になり、使用高度も二万――三万フィートと自衛隊機とよく似てきた。空には、道路のように、はっきりした区分があるわけではないので、自衛隊機が民間航路に入り込むおそれは十分ある。両者の使用区分について、相手方の方へは入らないようなシステムにする必要がある。それとともに民間航路も自衛隊機の訓練も、レーダーによって完全にコントロールできるようにしなければいけない」と、〝民間航路〟という発言は別にして、日頃苦労しているだけあって実務的で要点を掴《つか》んだ発言をしています。

関川氏は「計器飛行と有視界飛行が同時に飛ぶのは非常に危険だ。有視界飛行で飛ぶ場合、航空路を横切るのにも無警告でいいなど現行法に不備がある。有視界飛行の自衛隊訓練にも規制をもっと厳しくすべきだ」と発言しています。計器飛行と有視界飛行が「同時に飛ぶ」ことの危険性とは何を意味するのか不明ですが、少なくとも現行法上は訓練で航空路に入っても問題はないことを明言しています。

「訓練などの面で、自衛隊に安易な考えはなかったか」という司会者の質問に対しては、渡辺氏は「安易感とか甘い考えはないはずだ。昨年まで私は総隊指揮官だったが、練度は五%落としても良いからよく見張って、ニアミスを防止せよと指示した。五%も戦力を落とすことは国家に対してはあいすまんが、事故を起こすよりはよいと思った」と語り、「海上で訓練をやったらどうか」という質問に対しては、「もちろん海上でもやっている。確かに遠い海上でやればいいが、それだけ救難体制が大変になるという難点も出てくる」といい、関川氏は「衝突事故を防ぐため、今日からでもぜひやってほしいことは、パイロットの見張り訓練をもっと十分やれということだ。外国の事故も含め過去の航空機事故を調べてみたら、その六割は視界がいいはずの晴天の昼間に発生している。**計器飛行に慣れて外を見る訓練が不足になっているのではないか**。窓わくが狭いなど機体の構造にも改善すべき点はある」と語っていますが、民間機パイロットが「計器飛行に慣れて外を見る訓練が不足になっている」との指摘は的を射ていました。58便の場合も、50便として飛行中に辻副操縦士が「小野寺編隊」をたまたま目視発見していることを考えれば、見張りが習性になってさえいれば58便の時にも「目視発見」出来ていた公算は高いでしょう。

しかし、58便で同じ経路を飛行中だったのに、なぜ衝突が避けられなかったのか？ 50便と58便の違いは何か？ それは関川氏が言うように、「外を見る訓練が不十分」だったほかに、多分クルーが「昼食中」だったのではないか？ という疑問がわきますが、万一そうだったとしても、その責任をクルーに押し付けることは残酷だったといえるでしょう。50便、57便、そして事故に遭遇した58便と、この日三連続飛行していたクルーは、千歳でも羽田でも、人間としての生理現象を処理する余裕さえも与えられていなかったと推測できるからです。

この朝日新聞座談会記事の脇に、「日本の空」と題する連載第一回目が掲載されています。

事故直後であるにもかかわらず、この日の岡、並木両記者の論調は実に慎重かつ適切でした。「いつかは、と多くの人たちが予感していた空中衝突事故が、とうとう三十日、日本で、それも世界最大の規模で起こってしまった」という書き出しで、「直接の原因については、調査が始まったばかりの段階では軽々しく推測すべきではない」としつつも、「航空行政の犠牲に」という項にはこんなことが書かれているからです。

《日本では、かって道路行政が、安全施策《しさく》を忘れて道路だけ伸ばし、交通事故を増やす結果になったように、安全施設のない飛行場に平気で、旅客機を発着させる、という冒険をやっている。予算がないからだが、需要にこたえるために仕方ないと航空当局はいう。そして事故が起きれば、ドライバーだけが責められた様に、パイロットだけが責められがちである。「ばんだい号」の事故もその航空行政の犠牲であった》

この論評は、現場で切歯扼腕していた我々空自パイロットの意見と全く同一でした。そしてこの連載は、将来、東京――大阪を一時間で結ぶリニアモーター方式の交通機関が開発されている時、《例えば、それを、昭和六十年に予測される航空需要にこたえる対策の一つとして、航空関係者は、なぜ考えようとしないのか。(中略)総合交通体系と、口ではいうけれど、それは各交通分野の勢力圏を確保することではあるまい。発生する国民の移動の要求に対して、どうしたらより安全に、より便利に、より確実に答えることが出来るのか、という見地から考えるべきものだろう。

ジャンボ旅客機同士が、衝突すれば、おそらく、航空会社が支払わなければならない賠償金などの負担は、優に日本航空の資本金額にそっくり該当することになろう。

日本の航空関係者の頭が、需要予測を、繁栄の約束のように受け取るだけなら、その結果は、航空界自身の身に返ってくるかも知れないのである》と、航空行政の安全に対する考え方に警《けい》鐘《しょう》を鳴らしていますが、その後を見事に予測しています。当時これだけの記事が書けるこの二人の記者はきっと「運輸省担当」であり、普段から航空行政に疑問を持っていたのではないか？　と感心した覚えがあります。

そしてまさに二人が〝予言〟したように、奇しくも「昭和六〇年」八月一二日に、「御巣鷹山事故」が起きて、一気に五二〇名もの犠牲者を出しましたし、地上では平成二四年四月には悲惨な「高速バス衝突事故」が起きてしまったのです。

四、航空路及びジェット・ルートとは

ここでたびたび出てくる「航空路」について少し解説しておきたいと思います。

当時、事故直後から「民間航空路」だとか「民間航路」などという、いかにも「民間機専用

航空路」が設定されていて、その中に自衛隊機が突っ込んだかのように報道されました。しかし、当時も今もそんな用語はなく、全て航空路は「航空路」であり「ジェット・ルート」と呼ばれています。

「訓練空域」も、「保護空域」も、「飛行制限空域」も、前述したようなものだったのですから、国民に誤った認識を与えた新聞各社などは「訂正・謝罪」すべきです。おそらく専門家の中にも、この事故で「ジェット・ルート」という言葉を初めて聞いた方もいたのではなかったでしょうか？

「航空路（Airway）」とはその名のとおり、「航空機の飛行経路として、空中に設定された一定の幅を持った通路」のことです。前述したように、占領軍が主に旧陸・海軍が使用していた飛行場を占領して設置した航空保安無線施設（ＶＯＲ＝超短波全方向無線標識、ＮＤＢ＝無指向性無線標識）などを結んで設定したものであり、従って、ほとんどの航空基地上空には「航空路」が通っています。

今ではＶＯＲを結んだヴィクター航空路が主流になっていますが、我々の時代には誤差が大きいＮＤＢを結んだカラールート（名称に「ブルー４」など〝色と番号〟がついていた）が主流でした。

空自の通常の訓練では、これらの航空路を避けたところに「訓練空域」が設定されていましたが、他基地への連絡飛行や航法訓練（クロスカントリー）などでは、当然「航空路」を使って移動していました。「官民共用」だったのです。

ヴィクタールートは、各VOR施設間を結ぶ通路で、中心線から左右それぞれ最小4nm（7・2km）、したがって全幅8nm（14・4km）を持つ通路です。VORよりも精度が落ちるNDB間を結んだ通路は、片側5nm（9km）、したがって全幅10nm（18km）に設定されていました。

これら航空路を飛行する場合には、その直線経路上を飛ぶのが原則ですが、上空の風などの影響によって進路がずれた場合に備え10マイル幅をとって対処しているのです。そこで一般的にこれらの幅を含めたものが「航空路」と認識されていました。陸地ではなく洋上には国際航空路が設定されていますが、ここでは省略します。

次に問題になる「ジェット・ルート」ですが、その定義は次のようなものです。

(1) 航空保安無線施設上空相互間を結ぶ高高度管制区（高度24000フィート以上の管制区）における直行経路をいう。

(2) 計器飛行方式による高高度官制区飛行方式——高高度管制区チャートに示された各航空保安無線施設を直線に結ぶルートによる飛行が認められ、この無線施設間の距離は300海里（556km）を越えてはならない。

(3)　保護空域――ＩＦＲ機（計器飛行方式で飛行する機）に対し、管制区内の既設のジェット・ルートまたはその他の直行経路を承認する場合は、当該飛行経路について次の保護空域を確保するものとする。
２４０００フィート以上の高度にあっては、航空保安無線施設から１００海里の地点までは当該飛行経路の両側８・７海里の幅、それ以遠については、さらに両側に5度の角度で広がり当該航空保安無線施設から１５０海里の点で当該経路の両側に13海里の幅を有する空域。

この方式は、昭和三七年五月五日に運輸省が採用した新しい方式でしたが、ここでいう「保護空域」とは、航空管制官が飛行計画の承認に当たり、計器飛行方式による航空機相互間に一定の横間隔を設定するために確保する空域のことであり、有視界飛行方式による航空機との関係を律するものではなかったのです。この事故以降、あたかもジェット・ルートの両側に〝常設〟されているかのように報じられました

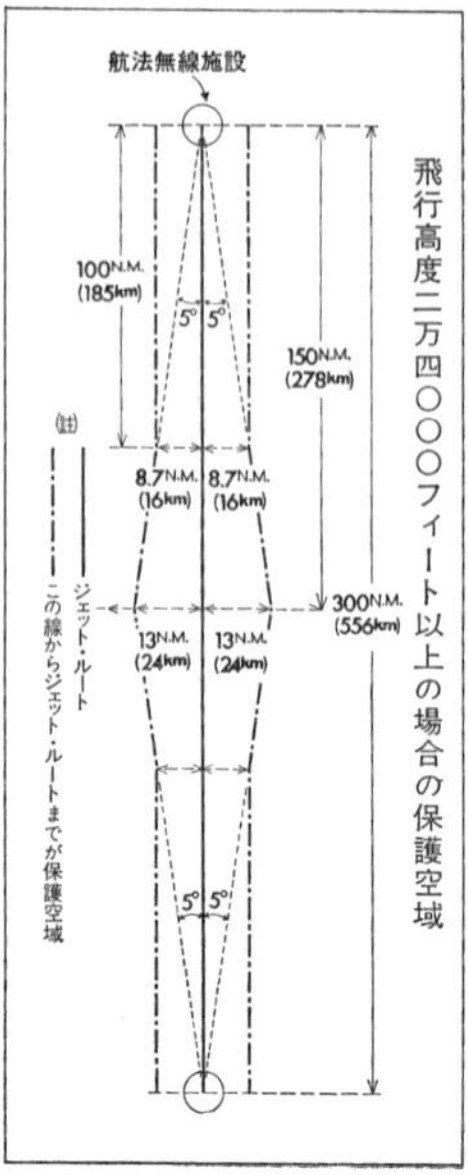

保護空域

が、常設されているものでもなく、航空交通管制上の立場から、計器飛行方式により飛行する航空機に対して管制承認を与える際に、この保護空域内に重複して管制承認を与えないようにするために、もっぱら航空交通管制の必要上から定められたものに過ぎず、ジェット・ルートとは、パイロットにとってはあくまでも無線施設間を結ぶ一本のラインに過ぎず、航空交通管制の衝《しょう》に当たる管制官のみが認識していれば足りるものでした。その証拠に当時保護空域は航空情報として公示されておらず、「管制業務処理規定」に定められていたに過ぎません。

パイロットとしては、接触事故防止のために、地上教育における「管制業務」の中では参考として教育してはいましたが、このような杓子定規《しゃくしじょうぎ》な「官僚用語」で示された規制は、空中では「全く目に入らない架空の線」に過ぎず、航空地図上に表示されなければ理解できるものでありません。

当時は、レーダー管制も不十分な状況でしたから、飛行中にどこが境界線であるかは「計器上の方位」で大まかに知ることは出来ますが、地上目標を参照する以外になかったのです。勿論TACAN（Tactical Air Navigation＝無線施設からの自機の方位と距離が示される）が装備されていれば、距離情報が出るので、さらに位置測定が容易でしたが、当時の教育部隊の訓練機は装備が遅れていましたから、教官は、地上目標を参照にして空域を保つ努力をすることが多かったのです。

しかもこの規則上、第2項でこのルートは「300海里を越えてはならない」としているのは、NDBの精度不足から来るもので、遠距離になればなるほど誤差が拡大するからでした。そのためか、第3項には、図のように中心部に例えば直距離300nm（556km）のルートの場合には、幅約13nm（24km）、無線施設に近い部分の100nmは幅約8・7nm（16km）という複雑な保護空域があるとされていましたが、これで地上の管制官専用のものであったことは一目瞭然でしょう。

ジェット・ルートを利用して飛行する場合には「幅のない直線」であるから逸脱しないように指導されてはいましたが、電波や風の影響次第では、確実に一本の線上を飛行するのは困難です。従って、この周辺を飛行する場合には、地上レーダーで助言されるならば別ですが、計器の指示だけで判断するのは困難でしたから、既存航空路の整理は出来ないものか？　というのが現場の切実な願いだったのです。

しかしいずれにせよ、ジェット・ルートは高高度の二四〇〇〇フィート以上でしたから、通常訓練ではさほど意識しないで済んだ存在でした。それがこの時は災いしたとしかいいようがありません。

勿論、航空従事者としては、この日の訓練がフルード・フォアであり、教官機が仮に二〇〇〇〇フィートで飛行するとすれば、学生機は教官機よりも二五〇〇～三五〇〇フィート高い位置に占位するので、二四〇〇〇フィートぎりぎりということになるから当然意識しなければならないものではありました。

当時の函館〜松島を結んだＪ11Ｌ（現在は廃止）の長さは、204㎚（約378㎞）でしたから、保護空域の最大幅は約10マイルとなり二四〇〇〇フィート以下の航空路とほぼ変わりません。従って、ジェット・ルートも通常の「航空路」と同様に対処しても構わなかったのです。

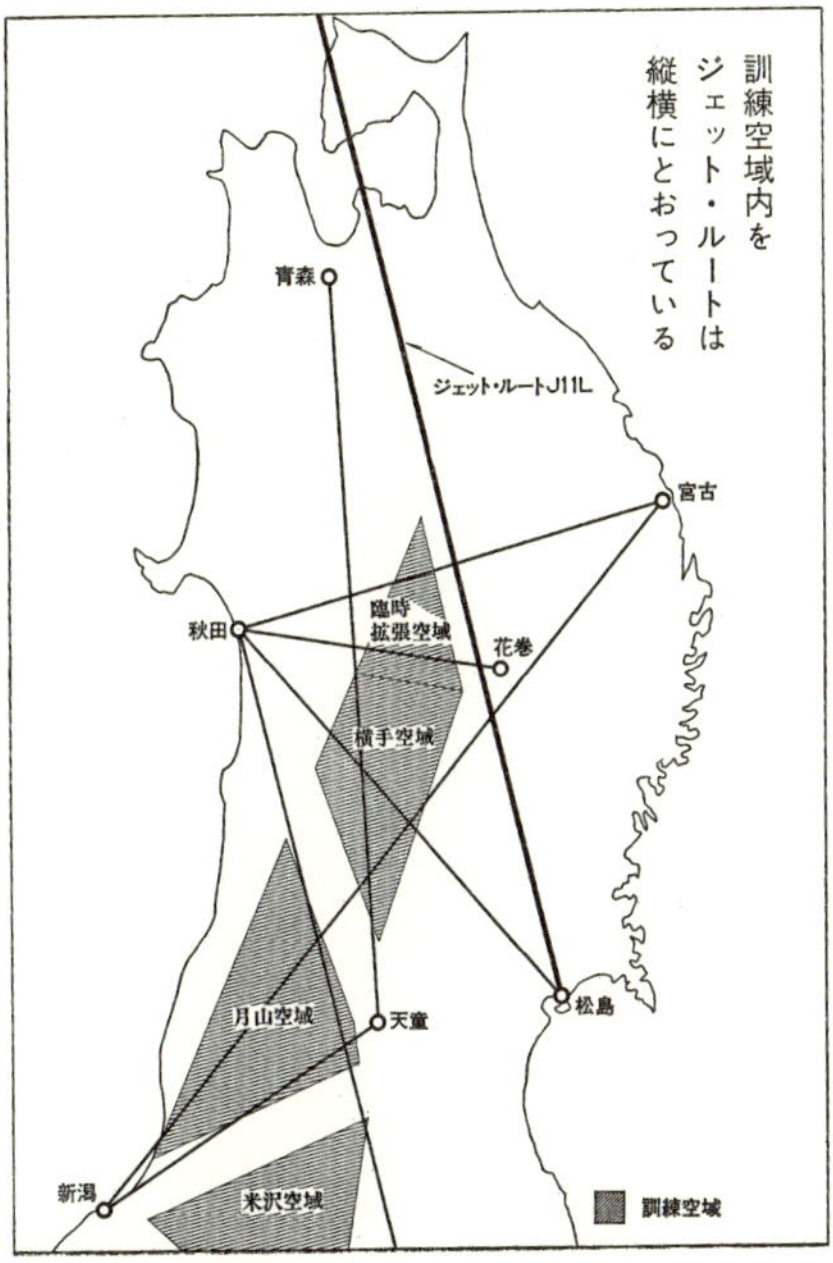

『恐怖の空中接触事故』から

当日、指定された臨時訓練空域名「盛岡」を見た隈教官が、「その名称から、盛岡あたりを指すとは考えたが、飛行制限空域の中心を通るＪ11Ｌは盛岡市街辺りの上空をほぼ南北に走っていると思っていたので、盛岡市街に近づかないようにしながら、その西側で、横手空域の北側付近の空域を使えば良いと考えた」と供述しているのは、二五〇〇〇フィート の高空から地上を俯瞰《ふかん》した場合、「盛岡市街」を視野に収めた感覚であれば、ジェット・ルート外であるとの認識は得られるからです。ただし、この日学生機は二八〇〇〇フィートを飛行していたのですから、二五〇〇〇フィート前後の高度を飛行する予定の教官としては、学生機が自分と盛岡市街の間に在空する場合を考えて、さらにその〝保護空域〟を念頭においておく必要はあったでしょう。つまり、教官はこの臨時空域を使用するに当たって、少なくともJ11Lも幅10マイルを持った「航空路」と意識しておけば良かったのです。

第3章

運命の離陸

一、千歳発・全日空58便

七月三〇日午後一時三三分に、川西機長が提出した飛行計画より一八分、出発予定時刻の午後零時四〇分より五三分も遅れて千歳空港を離陸した58便は、千歳のレーダー管制を受けつつ上昇し、札幌管制所の管制下に移行、午後一時四六分に函館NDBを高度二二〇〇〇フィートで通過、そこで次の松島NDB通過予定時刻は午後二時一一分であると通報しました。

そして函館NDB通過後の一時五〇分に、高度二八〇〇〇フィート（約八五〇〇メートル）に到達したことを札幌管制所に通報、この時点で機長は自動操縦に切り替え、以後計画書どおりに「松島NDB」に向けて高度二八〇〇〇フィートで南下したことになっています。

事故後に公表されたフライト・データ・レコーダー（FDR）の記録によれば、以後計器速度310～318ノット（マッハ0・79）、機首磁方位は189～190度、垂直加速度がほぼ1Gという水平定常飛行が衝突時まで続き、好天に恵まれた穏やかなフライトだったことを窺《うかが》わせますが、進路維持には疑問を抱かざるを得ません。

その上、辻副操縦士が朝の上りの50便で、頭上に86Fを見て「ヒヤッ」としたことを覚えていたならば、やがて自衛隊の訓練空域近辺を飛ぶことになるのですから、機長に「自衛隊機の訓練に気をつけましょう。連中は〝我が物顔で無謀〟ですから！」と話していたでしょうが、営業第一で「酷使」されていて、休憩も取れなかった彼らは何よりも〝空腹〟でした。

このことに気がついていたのは、昭和五二年六月に出版された『恐怖の空中接触事故＝空の旅は安全か⁉』（圭文社）を書いた元海軍パイロットの須藤朔氏と阪本太朗氏でした。

その前の昭和五〇年二月に、須藤朔氏が戦史刊行会の企画で出版した『ジェット・ルートJ11L：全日空・自衛隊機空中接触事故の真相』（白金書房）も、実に専門的で詳細な解説付きの名著です。

『恐怖の～』は、これをもとにさらに詳細なデーターを分析して纏《まと》めたもので、元パイロットならではの実に示唆《しさ》に富む内容なのですが、58便が千歳を離陸してから上昇し、二八〇〇〇フィートで水平飛行に移るまでの間のコックピットの状況を推定して「再現」しています。それがとても面白く、私も元パイロットでしたから共感するので引用しておきます。

《操縦席の辻副操縦士が、隣の席（左席）の機長に声を掛ける。

「キャプテン、機首方位が安定しませんね。風向の違い（高度によって）が大きいようです」

川西機長がうなずく。

「うん、速度も落ち着かないね。だが、この程度では酔っ払うお客さんはいないだろうよ。まあシートベルトを、もうしばらく着けていてもらうことにしようか」

機は函館まで、後約三〇マイルの地点に来ていた。

「千歳レーダー、こちら全日空五八便。高度一万五〇〇〇フィートを越えた」

管制通信は副操縦士の仕事である。すぐに管制塔のレーダー担当から応答がある。

「全日空五八便、諒解。二万八〇〇〇フィートまで上昇、その高度を維持せよ。現在位置は函館ラジオ・ビーコンの北東三〇哩。レーダー応答機の識別符号は分類二三〇〇を使え。レーダー管制空域は終わった。管制通信電波周波数を一三五・九メガヘルツに切り替えて札幌管制部と連絡を取れ」

「五八便、諒解、札幌管制部と連絡する」

ここで全日空五八便は、千歳空港管制塔の管制下をはなれた。管制交信記録によると、全日空五八便は、一三時四十六分に高度二万二〇〇〇フィートで函館上空を通過したこと、ついで約四分後の十三時五十分十一秒には高度二万八〇〇〇フィートに達したことを札幌管制部に報告している。

五八便が巡航速度に達して水平飛行に入ったのは、青森県下北半島の西岸上空で、陸奥湾へ後十二、三キロの地点だった》

地上局との会話は通常航空英語で交わされます。日本語に変換すると、何とも馴染《なじ》みにくい表現になりますが、勿論、この「会話」はボイスレコーダー（CVR）の記録ではなく著者の想像です。


《機長が副操に声をかける。

「今日は往復とも天気には恵まれたね。もう八〇哩（約一五〇キロ）先の岩手山が見えているよ」

　このときの機首方位は一八五度（真南より五度西寄り）真対気速度は四〇〇ノットから刻々上昇しつつあった。

「これほどの視界はめったにありませんな。風は右正横からで約四〇ノット（秒速約二十一メートル）、偏流（風下側に流される角度）は現在約六度です」

「巡航速度になれば（偏流は）四度半から五度というところだろうな」と機長。

「十和田湖と岩手山の位置から見ると四、五キロ。ルートから右にはずれているようですが……」

「こんなに良く見える日は、航法に気を使うことはないよ。今日は大分おくれたから、仙台のVORで気楽に近道と行こうじゃないか」

「そうします。ところでキャプテン、おなかの方は？」

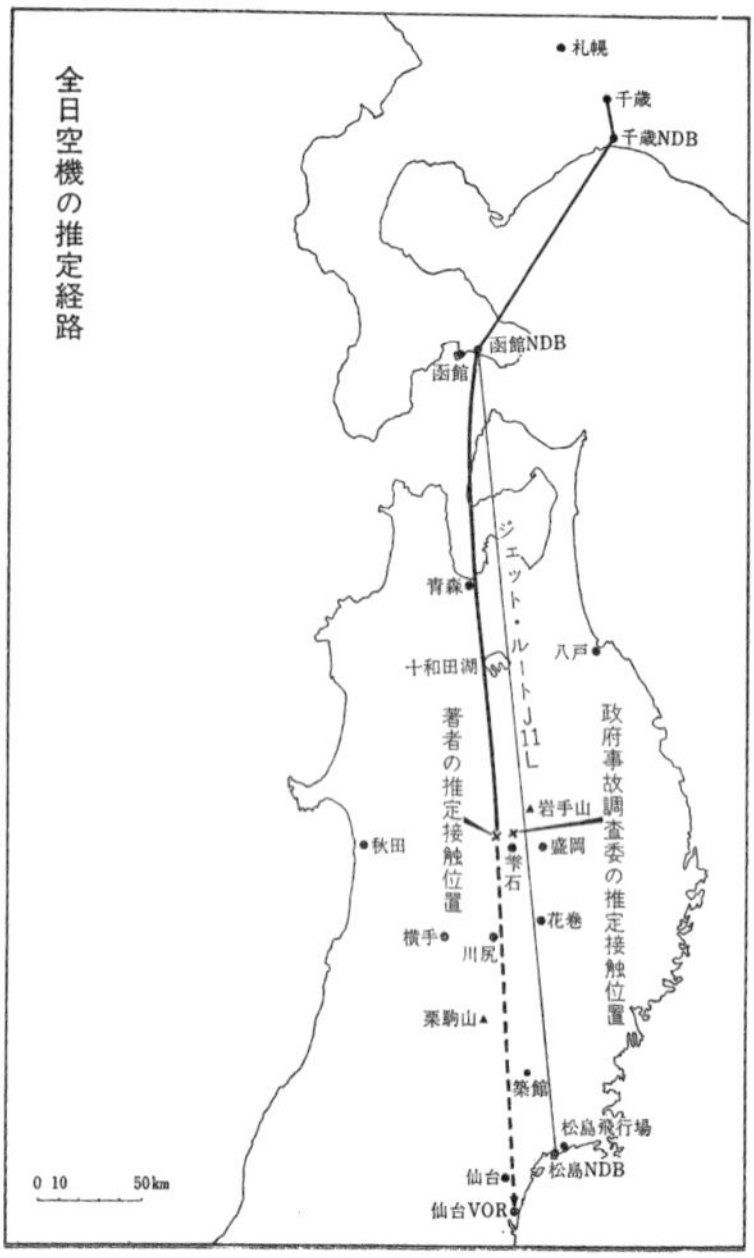

『恐怖の空中接触事故』から

「ペコペコだよ。千歳じゃ食べている暇はないからな。〃ジョージ〃（自動操縦装置）におまかせして昼食にしよう」》

　同じメンバーだったクルーが、午前中の50便で「ヒヤッ」としたことを須藤氏らが知っていたら、副操縦士が「キャプテン、自衛隊機に気をつけて見張りを厳重にしましょう」と言い、機長は「そうだな、昼飯を食い終わった連中が午後の訓練で飛んでいやがるだろうからな?」くらいはこの会話に書き加えられていたに違いありません。川西機長は陸自出身の元小型機パイロットだったからです。

二、松島基地離陸・86F編隊

　この日の午後零時過ぎに、隈教官と市川学生は、飛行訓練のブリーフィングを始めます。スケジュールボードに示された飛行編組、編隊名や機体番号、離陸予定時刻、使用周波数、空域などを確認し、今日の訓練目標である「編隊飛行」の科目と訓練要領、注意事項、緊急手順について指導を受けるのです。

特に主眼科目の「フルード・フォア」については、図面を描きながら懇切《こんせつ》に指導され、空域の状況から「見張り」についても注意されていました。

午後一時一〇分過ぎ、パラシュートを背負った二人は、それぞれの搭乗機に向かい飛行前点検を開始、二六分にはタクシーアウトして離陸位置につき、二八分に、滑走路方位25（西向き）で離陸しました。

事故調査報告書によれば、離陸した「ライラック・チャーリー」編隊は、基本隊形で上昇し、松島湾上から左旋回で陸上に入っています。基本編隊訓練のため、左右に旋回しつつ上昇し、一時四五分頃岩手県湯田《ゆだ》町の川尻付近で高度二四〇〇〇フィートに達しました。そして疎開隊形（スプレッド・フォーメーション）を演練した後、隈教官は市川学生に機動隊形（フルード・フォア）に移動を命じ、自身は高度二五五〇〇フィートでマッハ約0・72の水平飛行に入りました。市川学生はフルスロットルで上昇し、フルード・フォア隊形の位置につきます。

通常、教官は学生が位置についたら、しばらく水平定常飛行をしてその位置で良いかどうかを判定して指示し、その時の位置関係を教官機の見え方で確認させ、学生が落ち着いた頃に空域の状況を勘案して右、または左へ90度ずつ方向変換します。この時上方に占位している学生は、教官の旋回方向を素早く確認して旋回に入らないと、教官機の外側に占位している場合は取り残されて教官機を見失うし、内側に占位している場合は、教官機が自分の腹の下にもぐりこんで来て前にのめり出すので、速度を高度に変えつつ教官機を一瞬自分の腹の下に隠すように交差し、すぐさま切り替えして教官機に追随《ついずい》するのです。この場合は滑《なめ》らかに機首を下げて、高度を速度に変えて追随しなければなりませんから、初期の段階では教官機を見失わないようにするのが精一杯で、空域全体の見張りをする余裕はないといえます。見張りと飛行状態、エンジンの回転状況や油圧などを計器で確認できるのは、水平直線飛行中だけといってもいいでしょう。

この状況下で「見張りが可能か?」と事故後に調査した結果があるのですが、当時の航空幕僚監部の寺村教育課長は、「編隊で飛ぶ場合、長機だけでなく、訓練生にも見張り義務がある。ただし見張りのウェイトの差はある。訓練を始めたばかりの訓練生は教官機についていくのに一生懸命であれば、ゼロにはならないと思うが相当落ちると思う」と語り、小野寺主任教官も「86Fに乗った学生についてはやはり搭乗の許可が与えられている以上はロボットではないのだから、つねに自分なりに判断してルック・アラウンドに心がけなければならない。ただ教官機と編隊を組んでいる場合には、教官機についていくのが精一杯の時もあると思う。学生が飛行中に周囲を見張ることが容易なのは、教官機が直進中の場合である」と語っています。(『追突』)

私も小野寺教官の意見に同意ですが、彼が「86Fに乗った学生」と表現しているのは、基本操縦課程を経て「ウイング・マーク（操縦者徽章）を授与された以上」という意味です。

またあえて付け加えるとすれば、仮に教官機が「直進中の場合」であっても、上方から見下ろしている学生としては、下方の地表の色や影、光線の具合、雲やスモッグなどで、芥子粒《けしつぶ》程度の教官機を見失いやすく、最初のうちは見失うまいとして周囲の見張りがおろそかになりやすいといえます。しかし、訓練を重ねるにつれ見張りも上達します。何しろ、この「フルード・フォア」とは、空中戦闘で敵をいち早く目視発見し相互に連携して戦う隊形なのですから、慣れると十分な視界が取れるようになるのです。しかしこの時は〝初歩の初歩〟段階でしたから、教官機を見失わないようにするので精一杯だったに違いないでしょう。当の市川学生は「アクロバットやフルード・フォアの旋回中は見張りをするのが困難な場合もあるが、それでも見なくてよいという意味ではない。常に旋回しているわけではないから、少なくとも旋回に入る直前までは自機及び教官機の周囲を見張る余裕はある」と正直に答えています。彼はソロまで浜松で教育された一人であり、私も彼の追従飛行で飛んだことがあります。冷静で落ち着いた飛行ぶりで感心したことを覚えていますが、その彼に58便が「見えなかった」のは、「追突」されたからです。後方から来られたのでは、如何《いか》なる名パイロットであっても、余裕を持って事前に発見するのはほとんど無理だったでしょう。多分石川空将でも……。

事故後一時保釈された彼は、長野の実家に帰る前に浜松に立ち寄って両飛行隊の教官に「お詫び」をしました。突然第一飛行隊に現れた彼に教官の方が驚いたのですが、当時、総括班長であった私は、終礼で集合する教官の前で「挨拶」をさせました。落ち着いて堂々と「挨拶」した彼に比べて、ベテラン教官たちの方がむしろ落ち着かない様子だったことが今でも忘れられません。

そして彼は隈教官の「ボギー、ハードライトターン、プルアップ（他機、右急旋回、引き上げよ）」という指示で右旋回に入れ後下方を見ると、58便の機首が見え、青い帯状のラインが入った機体がズルズルと視野に入って来たので、直ちに左に切り返して離脱しようとした。58便との間には、若干の高度差があったので旋回中に『回避できたか？』と思った途端『ガツン』とショックを感じてきりもみに入った。一瞬炎がコックピット内に入ってきたが、急激なスピンで体が動かなかった。

ところが落下していく途中で空中に放り出されたので、Dリングを引いて開傘し、田んぼに着地した」と語ったことが忘れられません。衝突を回避できたか？と一瞬彼が感じたのももっともでしたが、Ｂ７２７の方が優速ですから胴体はズルズルと通り抜けます。不運だったのは、Ｂ７２７の水平尾翼が垂直尾翼上方についたT字型だったことでした。左水平安定板の前縁が、接触を回避しようと左急旋回中の86Ｆの左主翼付け根に接触して、主翼が後方から切断されたのです。

「防衛庁第三研究所・海法所長製作モデル＝上が接触直前。下二枚が接触時の状況」

58便の搭乗員達は死亡していますので、彼らの「見張り義務」を調査することは不可能だったことは分かりますが、事故調査上は大きな疑問が残ります。

この接触状況から見れば、どんな素人でもこの時点での「見張りの義務」は後方から来る58便にあったことは理解できるでしょう。この証言からも「追突」は明らかであり、この事実は当初から分かっていたにもかかわらず、どういうわけか自衛隊機側の見張り義務問題に掏り替えられ、裁判でもその審議が延々と続けられたのですが、その背景には、事故直後の七月三一日に、当時航空幕僚副長であった石川貫之空将が「事故は函館と仙台を結ぶジェット・ルートの中であると思われるが、このジェット・ルートの中で訓練してはいけないことは常識なのにこれを無視したことは全く間違いだ」と語り、さらに「責任は全て編隊長機にある。編隊長には普段飛びなれているコースであり、ちょっと油断したのではないかと思う。(中略)とにかく、ファイターパイロットが後から来た727に気がつかないなんて、全くお話にならない。見張りが悪かったとしか言いようがない」と自衛隊側の非を認める発言をしたことがあります。この発言は空自パイロット達の烈しい怒りを買ったことは既に書きましたが、それが失望に変わったのは、七月一日に着任したばかりで事故の責任をとって辞任した上田泰弘航空幕僚長の後に、八月一〇日付で先任順を無視した彼が納まったことでした。この見境のない人事発令は、その後の航空自衛隊の統率上に甚大な悪影響を及ぼしたと私は感じています。

組織の中でごくわずかな存在にすぎない戦闘機パイロットはある種の〝羨望《せんぼう》のまなざし〟で見られてきました。航空加給食、航空危険手当等、一般隊員よりも「厚遇」されていると見られていたのですが、この事件でそれが大きく噴出した、と私も感じました。パイロットが起こした事故で、何で我々が非難を浴びるのか！　と平然と言う幹部もいたくらいでした。このパイロットの最高峰に上りつめた石川発言は、検察官に利用され、「君の上司は、見張りをしていれば発見できると言っている。また、規則や通達で見張りを厳重にしろと規定されている。それなのに君は見えない時がままあるというのか。それでも空自のパイロット幹部か」と詰問されると、それ以上の主張が出来ずに「見張りをしていれば七〜八マイルで発見できる」などと供述してしまうのです。まさに「一将功なりて万骨が枯れた」のでした。

平成二〇年に、荒井勇次郎元第一航空団司令と会談したとき、司令もこの石川発言を悔やんでいて、「あいつは旧軍時代は偵察機乗りで、戦闘機に移ったのは終戦間際、戦隊長をしていたが、米軍の攻撃のたびに空中退避をして〝戦力温存〟を図ってばかりいたから、大本営から『戦え！』と督励《とくれい》電報が発せられたはずだ。そんな男が『学生に後方を見張れ』などと言えた義理か！　海軍出身の高官だったら、もっとましな発言をしていたろうに」と悔やんでいました。

しかし、海軍出身高官も対談などには不慣れだったようで、陸軍出身高官と同じ程度の対応でしたから、私たち若手パイロットは落胆したものです。

例えば、七月三一日の毎日新聞は「混戦空路に過密ダイヤ」という大見出しで座談会を掲載していますが、出席者は青木日出雄《あおきひでお》・航空情報編集長、問題の井戸剛《いどつよし》・東海大学航空工学教授、それに旧海軍出身の鈴木瞭五郎《すずきりょうごろう》・空幕監察官の三人で、「常識はずれ、無謀操縦」「自衛隊機・空の銀座に突っ込む」「危険な日本の空」「情報交換にも〝ぬかり〟が」という見出しから推察できるように、実に程度が低い内容の座談会でした。特に井戸教授はその後事故調査委員に選出されたばかりか全日空側の証人に指定されたのですが、この記事からも分かるように全く公平さを欠く発言をした人物だったのですから、裁判所が「証人」として認めたことが全く納得できません。座談会での発言を読んで、彼は本当に「航空工学」を専攻している教授なのか？と私は訝《いぶか》ったものです。この座談会に空自側の事故調査の責任者でもある監察官が出席したのですから大いに期待しましたが、事故調査開始以前の時期だったこともあってか明確な発言はなく、一方的に井戸教授の自衛隊批判に押されて防勢一本になってしまったのです。

例えば鈴木監察官が「……人間の目の能力がスピードについていけなくなるから、地上のレーダーによる機械的な監視体制が絶対に必要だ。このような人間から機械への切り替えには、昨年から取り組みだしたのだが……」と言ったところで井戸教授が割り込んで「いや、そんな難しい話をする前に、今度の事故は、いわば〝空の銀座通り〞に訓練機が突っ込むという、およそ常識外れの無謀操縦から起こったものだ。大体二曹ぐらいの未熟な技術で航空路を横切るなんて、冗談じゃないですよ。銀座通りで車が旋回したらどうなるか、衝突するのが当たり前でしょう。私はパイロットの目を疑いますね」と発言を遮っているのです。毎日新聞は彼の発言を「見出し」として採用しているのですが、当時の朝日、毎日両社の航空問題に対する知識と姿勢がよく窺えます。

いずれにせよ、こんな〝常識外れ〞の教授の発言に、裁判までもが振り回されることになるのですが、我々は現場で切歯扼腕していました。

第4章

全日空58便の飛行状況

一、進路の選定は？

さて、所定の高度二八〇〇フィートに達して自動操縦に切り替えた58便のコックピットでは何が起きていたのでしょうか？

通常、規定の標識上空を通過したら、アウトバウンド・トラッキングと称する、航空路の中心線上を正確に飛行し、逸脱しないようにするための操作をします。

つまり、定点を通過したことは、ＡＤＦ計器上で進路方向を指していた針が後方に回転するのを見て判断するのですが、そのまま次の進路（ここでは１８４度）に変針するだけでは、飛行経路は旋回の外側にオーバーシュートしてしまいますから、コースに正規に乗るために通過後も旋回を継続してＡＤＦの針が後方を指して安定するのを確認し（風上側に若干機首は振らねばなりませんが）、機体の進路が航空路上を次の地点に向かって直進できるように操作します。これを「アウトバウンド・トラッキング（左図の太線部分）」というのです。

58便の場合は、函館ＮＤＢ通過後、松島ＮＤＢに向けた方位１８４度のＪ11Ｌに乗るわけですから、函館通過後、機首方位を１８４度よりもやや東側（この場合は左側）にオーバー旋回し、前方から後方の函館ＮＤＢへ回転した針が３６４（００４）度方向に向くのに応じて右旋回して、機首をコースの１８４度に向けるのです。勿論その高度の横風成分を勘案して進路１８４度を確保しようとすれば、機首方位はコースの１８４度よりも西向きになります。当日の飛行高度二八〇〇〇フィートの風向風速は、２８０度／40ノットでしたから、約４度西の１８８度に振る必要があります。こうすることによって機体は針路１８４度のＪ11Ｌ上を正しく松島ＮＤＢに向かうことになるのです。

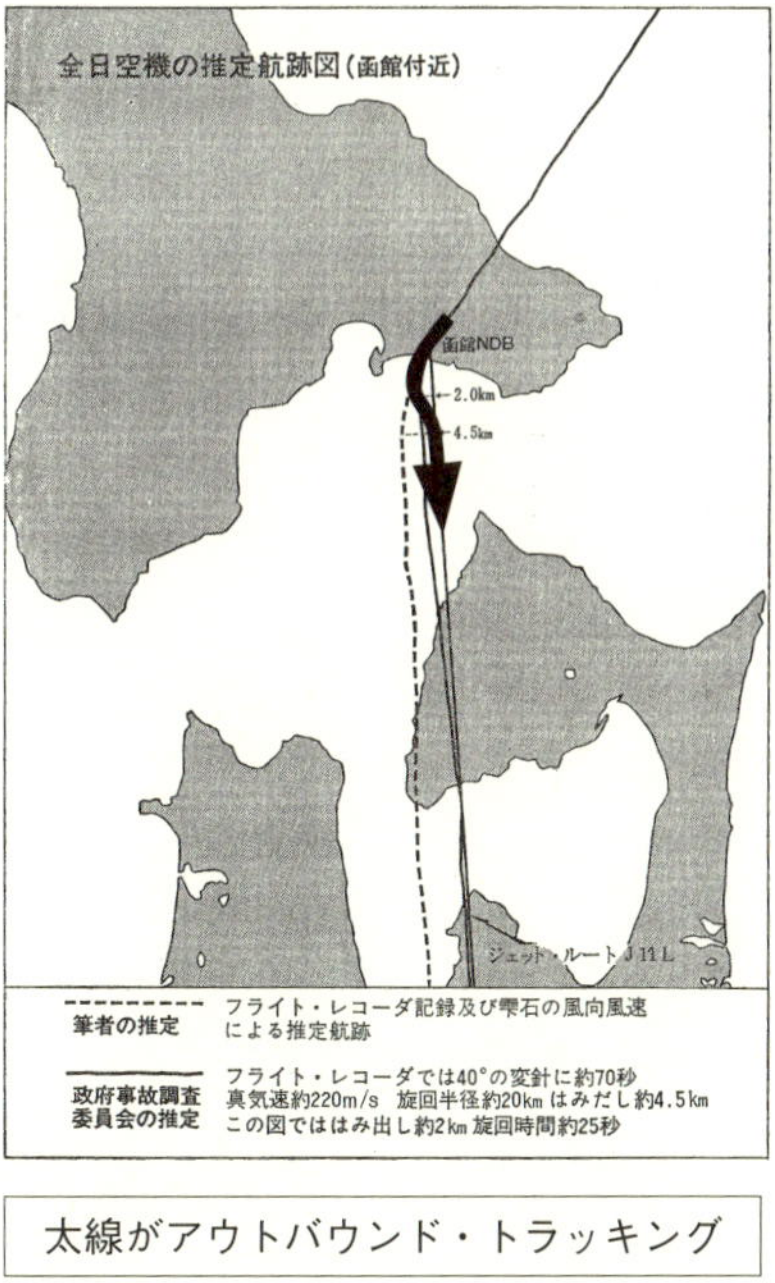

『恐怖の空中接触事故』の航跡図に加筆

しかし58便の航跡を見る限り、函館ＮＤＢ上空を通過した後、１８４度に向けた正確なアウトバウンド・トラッキングをすることなく次の進路に向けて〝漫然と〟飛行しているのです。そしてむしろその航跡は、川西機長が飛行計画書に書いたＪ11Ｌ上の次の目標・松島ＮＤＢではなく、方位と距離が計器上に表示される、便利で正確な仙台ＶＯＲに針路を取ったのではないか？　と思われるのです。

仮に機長が、松島NDBの南西約32㎞にある仙台VORを選んで飛行したとすれば、遅れていた時間の短縮が可能な上安定した針路が得られますから、仙台VORを選定して自動操縦で飛行していた公算は高いというべきです。その上、食事時間に恵まれなかったクルーが、ようやく「昼飯」にありついて、人間らしいひと時を得て、ほっと気が弛《ゆる》んだであろうことも推察できます。

仮に58便が「申請した航路」を逸脱して飛行していても、当時の運輸省航空局の地上管制官はレーダー・スコープ上で監視していたわけではなかったので、58便の正確なコースは掴むことは出来ませんでした。操縦者からの「位置通報」、つまり「函館通過○時○分」という自己申告を信用せざるを得なかったのです。だから、事故調査委員も58便からの自己申告を信用して、58便はJ11L上を〝正確に飛行している〟という前提に立っているのです。

しかし、実際の飛行コースは、アウトバウンド・トラッキングをしないで、漫然と仙台VORに向かったことを示しているのですから、松島派遣隊がこの日臨時訓練空域に指定した盛岡、横手空域を突っ切るものになった。つまり、58便の方が、自衛隊の訓練空域内に〝侵入〟することになった公算は大きいのです。58便が「松島NDB」ではなく、「仙台VOR」に向かったことを裏付けるように、事故調査で回収された計器の指示は次のようになっていました。

（A）RMI（Radio Magnetic Indicator：磁方位指示器）の選択

機長側（左席）……No1＝VOR

No2＝ADF

副操縦士側（右席）は不明

（B）超短波航行用受信機の選択周波数……

No1＝仙台VOR（116・30メガヘルツ）

No2＝松島タカン（114・30メガヘルツ）

（C）ADFの選択周波数

No1＝208キロヘルツ（宮古の210キロヘルツに近い）

No2＝270キロヘルツ（松島の278キロヘルツに近い）

（D）CI（コース・インディケーター）のコース・カーソル

No1CI＝180度

No2CI＝180度

（E）CIのコース・カウンター

No1CI＝177度

No2CI＝182度

（F）　CIのヘディング・カーソル
Ｎｏ１CI＝２０５度
Ｎｏ２CI＝２０５度

これらの計器指示選定から、機長は函館NDBを通過後、次の標識であるJ11L上の松島NDBではなく、仙台VORを選択していた公算が極めて高いと推定できます。

（D）のコース・カーソルと（E）のコース・カウンターの指度が一致していないのは墜落時の衝撃で狂ったのか？　と思われますが、（F）のヘディング・カーソルが、２０５度を示しているのは問題です。回収された機長席のRMIのNo１が「仙台」にセットされていた理由は、機長は、電波受信に信頼が置けない松島NDBよりも、信頼できる仙台VORを選択して自動操縦にセットし、コースをカットして遅れを取り戻す配慮をしたのでしょう。

川西機長が提出した飛行計画書には、函館NDBから松島NDBを結ぶJ11Lが選定されていましたが、58便のRMIの機長側の指示器には、**仙台VORが選択されていた**こと、回収されたFDRによると機首磁方位１８９～１９０度で飛行していたこと、さらにアウトバウンド・トラッキングをすることなく飛行していたことを考慮すれば、58便は当初から針路を仙台VORに向けていたと考えてほぼ間違いないでしょう。

函館から松島に向かうＪ11Ｌは磁方位１８４度、距離２０４nmであり、仙台ＶＯＲはそれより約５度西に逸《そ》れるとはいえ、当日の事故発生地点の偏流は5度未満でしたから、58便が１８９度ないし１９０度で飛行していた、というのはほぼ頷《うなず》けます。しかし函館通過後に、１８４度の経路に正確に乗るためのアウトバウンド・トラッキングをせず、機首方位１９０度で飛行していたとしたら、間違いなく仙台に向かっていたことになります。つまり、Ｊ11Ｌの基点を正確に取らずに、函館通過を札幌管制所に報告し、オーバーシュートしたまま次の方位である１９０度を選んで自動操縦に切り替えて飛行した理由は、時間が遅れて迷惑していた乗客のために機長として〝サービス〟したいと思ったのかもしれず、心情としては理解できないこともありません。そして自動操縦装置に切り替えたクルーは、遅れていた昼食に取り掛かったに違いないのです。

この状況から見て私は、おそらく当日の一回目の飛行であった50便の時も、彼らは同様のコースを飛行していたのではないか？　とみています。

千歳から羽田に向けて、同様なコースを飛行する場合には、飛行計画書は前回と同一コースを選択するのが普通だからです。だからこのクルーは、この日朝一番の羽田行き50便で午前九時過ぎに盛岡付近上空で、辻副操縦士が「自衛隊の二機編隊」を目撃した時も、実はアウトバウンド・トラッキングすることなく、漫然と旋回して進路を仙台に向けて飛行していた。つまり、この時も自衛隊の臨時訓練空域に侵入していたのだ、と推定できます。この時は幸運にも接触を免《まぬか》れたのですが、下手《へた》をしていたら隈編隊より先に事故を起こしていたかもしれません。

繰り返しますが、辻副操縦士が〝頭上を飛ぶ〟86Fを見て「ヒヤッ」としたと羽田について客室乗務員に語ったのならば、58便のフライトでも見張りを厳重にすべきであったでしょう。何が50便の時と違っていたのか？　それは遅れていた〝昼食タイム〟であり、そのため見張りが疎《おろそ》かになったこと以外は考えられません。機長は「お茶でも飲もうか」と席を外していたか、もしくは食事中だったのだと思われます。

このように、仮に50便、58便ともに松島NDBではなく、当時はジェット・ルートが設定されていなかった仙台VORを結ぶコースを飛行していたとすれば、これは明らかに航空法違反です。つまり、飛行計画書に記入したJ11L（函館～松島間）を無視したコースを飛んでいることになるからです。

このように函館～仙台間にはジェット・ルートがないから、空自は臨時訓練空域に指定していたのです。

繰り返しますが当時は、現在のように飛行コースはレーダーで隈《くま》なくカバーされておらず、操縦者から定点通過時刻の通報と、次の定点通過予定時刻が通報されるだけでしたから、地上管制官はまさか民航機機長が空路を逸脱しているとは思わなかったことでしょう。

二、三沢基地北部方面隊・BADGEの航跡との比較

しかし、空自レーダーが58便の飛行状況を一部ではありましたが記録していました。当事、空自は自動警戒管制組織（BADGE）で全国のレーダー基地をコンピュータ化して一元指揮するため整備中でした。北部航空方面隊司令部が所在する三沢基地でもBADGEが整備され運用試験中でしたから、58便の航跡は記録されていたのです。ただ残念なことに、接触地点前にブラウン管上の表示を撮影していたカメラに不具合が発生して、肝心な接触地点は記録されなかったのです。これについては「混雑で機影重なる」「航空自衛隊三沢基地レーダー記録公開」という八月一日付の西日本新聞記事を引用しておくことにします。

《航空自衛隊は、青森県三沢基地の北部方面隊防空指揮所で記録した全日空・自衛隊機衝突事故当時のレーダー像を三十一日夜、同基地で記者団に公開した。

この記録は、同防空指揮所の指揮下にある九つのレーダー基地が時々刻々とらえる北部日本上空のレーダー像を、バッジシステム（半自動防空管制警戒組織）が解析、一分ごとにカラースライドで記録したもの。

同指揮所管制室にある五メートル平方のカラー・レーダー・スクリーンに再現された航跡に

は、全日空機が三十日午後一時四十一分、千歳空港を出発した時から『５４０３』の識別番号をつけられ、刻々、位置と高度が映し出されていた。当時、北海道と東北北部上空には三十数機もの航空機がおり、レーダー像が重なり合ってぼやけるほどの混雑ぶり。

　それをかき分けるように全日空機は千歳から函館上空に向かい、そこで向きを変えて正規の定期航空路上を南下、事故現場へと近づいていく模様が、**はっきりと記録されていた。**

　事故直前の午後一時五十七分まで、**全日空機はレーダー・スクリーン上に、はっきりと識別されていたが、**それ以後は他の航空機のレーダー像と重なり合ったためか、その光点が確認できなくなった。一方、事故を起こした自衛隊機は最後まで、全く識別、記録されていなかった。

　このレーダー記録自体から事故原因を直ちに突き止めることは出来ないが、事故前後の事実関係を解明する上で手がかりを与えるものと関係者は見ている》

　事故調査報告書は、接触時刻を午後二時二分三九秒頃と推定しているから、接触五分前までの画像がカラー・データ・フィルムに記録されているということになります。

　58便は、函館通過後、「向きを変えて正規の定期航空路上を南下……」と記事にはありますが、これは前述したように正確ではありません。58便は正確なアウトバウンド・トラッキングをすることなくオーバーシュート気味に旋回していますから、ＦＤＲの記録どおり、針路を機首方位189~190度にとって飛行したと考えられますから「正規の定期航空路J11L上」ではなく、西側に逸脱して空自の臨時訓練空域に侵入するコースでした。

BADGEのカラー・データ・フィルムを地図上にプロットして58便の飛行コースを分析したのが、当時防衛庁技術研究本部第三研究所長であった海法泰治《かいほうやすはる》氏で、接触時までの記録はなかったものの、それまでの同機の函館通過後のオーバーシュートや、接触前までの航跡から分析し、明らかに仙台VORに向かっていると結論付けられていました。

その貴重な記録がなぜ事故調査委員会で軽視されたのか？　足立氏は『追突』にこう書いています。

《政府事故調査委員らは、事故直後、三沢基地を訪れバッジシステムの説明を聞き、カラー・データ・フィルムの撮影を実地に見た。その際、自衛隊担当者からこのシステムは約一二〇〇マイル四方もの広大な地域を映し出す上、当日は一時五七分から二時二〇分まで、映像が中断しているので、本件関係の航跡を明らかにし得ないと聞かされた。また撮影されたフィルム画面も極めて不鮮明なので、結局、同委員会はこれを資料とすることを断念した》とし、民事二審の東京高裁の判示内容を引いています。

《バッジシステムにおけるコンピューター処理及びカラー・データ・フィルムの撮影過程に機械的な誤差を生じることはないにしても、一度に広大な範囲について得られたレーダー情報が、各機の相互の位置関係を示すのにどの程度の精度を有するものかは必ずしも明確ではない。フィルムを二度にわたり拡大し、かつ地図上に当てはめる過程においては、多分に人為的操作を必要とするものと認められ、その間に誤差が生じないとは限らないと考えられる》

つまり、海法鑑定は、海法氏自らが「防衛庁側の人間」だから、「多分に人為的操作」をしているのではないかと疑っているのです。全日空側に好意的な井戸剛教授を事故調査委員に指定しておきながら、なんという不公平さでしょう。

しかし空自側でこの分析作業に当たったのは、その道のプロ達であり、裁判の結果云々よりも、事故の真相を突き止めようと懸命に分析していたのです。

海法所長と共に分析に当たったK管制員は次のように回想しています。

《カラー・データ・フィルムは、実務上スクリーンに投影するために作成されたものだが、このフィルムを利用して一分間隔の被写体、即ち、航空機のポイントを連続的にプロットし、航跡図を作ったのが海法鑑定書で、まず、カラー・データ・フィルムの一つのコマに写っている航跡の相対位置関係は、ある時刻におけるそれぞれの航跡位置を表すものとして絶対的なものであることに注目、このコマを連続していけば、それぞれの特定した航跡の連続したプロットが得られる。これは丁度、アニメーション映画を作製する過程と同じで、こうして得られたのが海法鑑定書であり、全日空機の航跡及び自衛隊機の航跡を、記録した交信テープとの照合に基づいており、数多くのサンプル数を採用することにより、客観性を高めたものといえる。特に、問題となる全日空機については、千歳の離陸直後の状況及びフライトデータレコーダーの記録値との照合から、その誤差は局限されており、動かし難い「真実」を示しているものと今でも信じている》

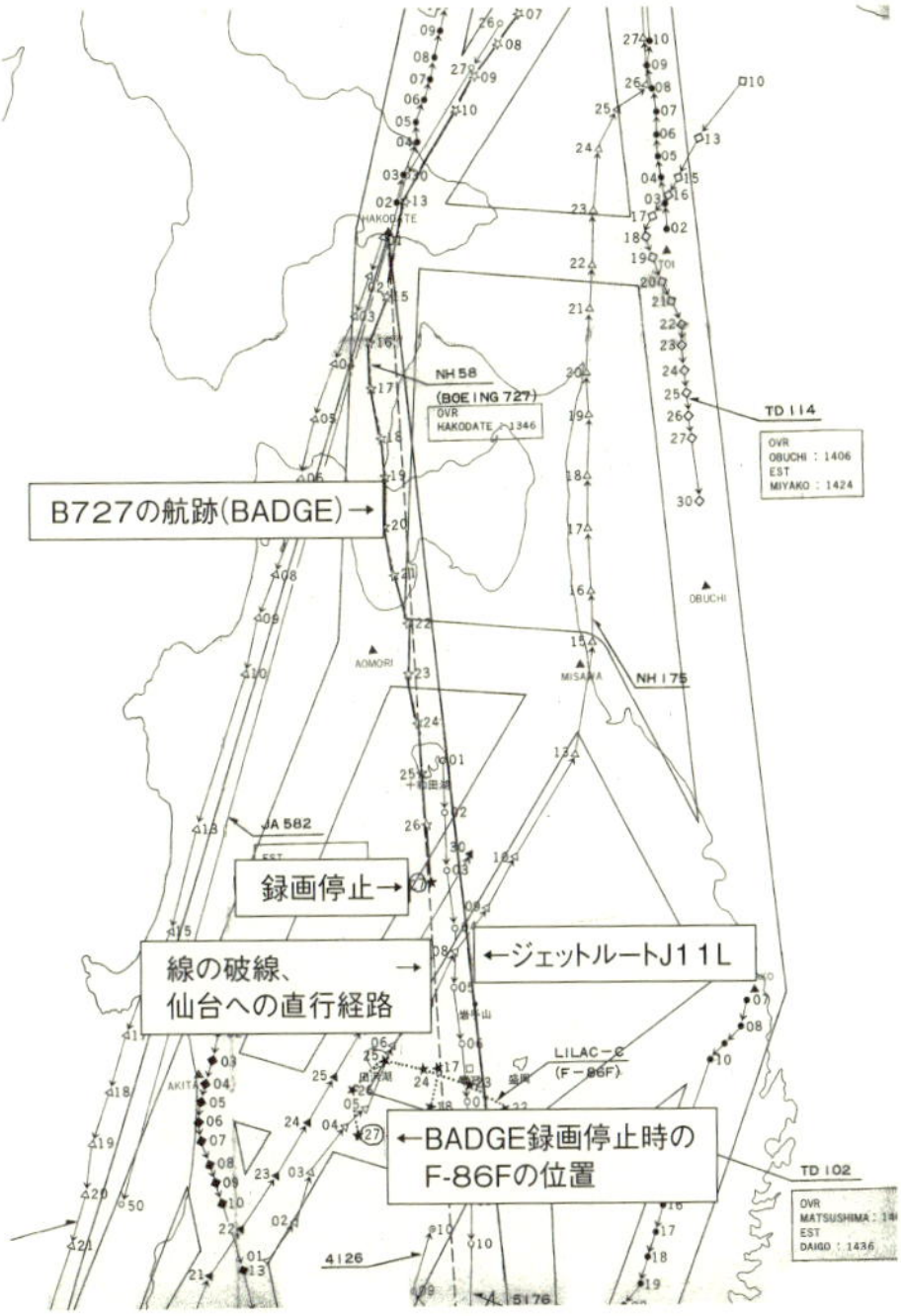

BADGE航跡　海法氏の分析（海法鑑定書から）

裁判官は「一度に広大な範囲について得られたレーダー情報が、各機の相互の位置関係を示すのにどの程度の精度を有するものかは必ずしも明確ではない」と言いますが、そんな精度の低い装置を高額な予算を請求して設置する防衛庁は、大蔵省から責められてしかるべきではないでしょうか？

裁判では海法鑑定書は不採用になりましたが、操縦桿《かん》を握った経験がある者だったら、その航跡が何を示しているか一目瞭然だったはずです。にもかかわらず、事故調査委員会が、三沢基地でＢＡＤＧＥのフィルムを見て「画像などが不鮮明」なので調査資料にしなかったという真意が理解できません。

こうして西日本新聞に「全日空機はレーダー・スクリーン上に、はっきりと識別されていた」と書かれたバッジシステムの記録は、なぜか事故調査には生かされなかったのですから、どちらかが嘘をついていることになります。さらに私は、この時のＢＡＤＧＥのデータ解析は58便だけの航跡を重視していますが、この日の朝、小野寺編隊を目視した50便の航跡を検討していたら面白い結果が出ていたのではないか？　と思います。運用テスト中だったわけですから、午前中のデータは残っていなかったかもしれませんが、仮に50便の航跡記録が残っていたら、58便の航跡と比較することによって、このクルーが、千歳から羽田に向かう時はいつも飛行計画書に書いたＪ11Ｌを無視して飛行している〝常習犯〟だったことが証明されていただろうに、と残念で仕方がないのです。

当時、民間航空の操縦者達は、ＡＤＦという、前近代的な施設はほとんど考慮せず、ＶＯＲを主用していたのであり、ＶＯＲが利用できないコースはやむを得ずＡＤＦを使用していたと聞いていましたから、50便の飛行コースも、松島ＮＤＢではなく、便利で確実な仙台ＶＯＲを選定して飛行したに違いないと思われるからです。

三、遅れたクルーの昼食

七月三〇日午後一時三三分に、出発予定時刻より五三分遅れて千歳空港を離陸した58便は、千歳のレーダー管制を受けつつ上昇し、札幌管制所の管制下に移行、一時四六分に函館NDBを高度二二〇〇〇フィートで通過、そこで次の松島NDB通過予定時刻は二時一一分であると通報しました。

さらに飛行予定高度の二八〇〇〇フィートまで上昇を続け、約四分後の一時五〇分一一秒に、高度二八〇〇〇フィート（約八五〇〇メートル）に到達したことを札幌管制所に通報、水平飛行に移った時点で機長は自動操縦に切り替え、以後計画書どおりに「松島NDB」に向けて高度二八〇〇〇フィートで南下したことになっています。事故調査報告書によると、接触時刻は「午後二時二分三九秒ころ」となっていますから、58便は飛行高度の二八〇〇〇フィートに到達し、水平飛行を維持して「自動操縦装置」に切り替え、一二分二八秒後に接触したことになるのですが、この間にコックピットでは何が行われていたのか？　何度も言いますが、彼らはようやく遅い昼食にありつき、ほっと一息ついていていたはずです。何しろ早朝から働きづめのクルーは空腹でした！

自動操縦に切り替えて操縦業務から解放されたクルーは、あるいは席を離れ、あるいはヘッドセットを外して食事の準備をした。そこにスチュワーデスが昼食の注文を聞きに来る。まずお茶を出したかもしれません。何しろクルーは、午前中に千歳→羽田、お昼に羽田→千歳、そして今また千歳から羽田に向かいつつあり、地に足がついていた時間は、生理現象を処理するのが精一杯程度の余裕しかなかったのですから同情します……。

食事を開始したクルーが、どんな会話をしつつ喫食していたかは須藤氏の推察程度しか分かりませんが、食事開始後、接触までは一二分二八秒間しかなかったのですから、接触時点では未だ食事中か、あるいは食後の後片付け中だったと推定されます。中には食後のお茶を飲んでいたクルーもいたかもしれません。こう考えれば、クルーが見張りをしていたとはとても考えられないのです。

政府の事故調査委員会報告書は「少なくとも接触約7秒前から（前方を飛行している86Fを）視認していた」と推定していますが、二八〇〇〇フィートの高度に到達後のコックピット内の情況を推察する限り、事故調査委員達の無知というよりも、この推定は何か意図的に取り繕《つくろ》われた不自然なものとしかいえないでしょう。従って裁判所の見解も、盛岡地裁は「視認していたか否かは明らかとはいえない」とし、仙台高裁は「接触7秒前に視認していたことは確実」と報告書を認定し、事実審理をしない最高裁は、「全日空機操縦者の見張り義務違反の有無にかかわらず」と逃げて隈被告の過失を肯定しています。ところが民事法廷の東京地裁は「接触するまでまったく視認していなかった」と事故調査報告書を完全に否定したのです。しかし民事の東京高裁では「全く視認していなかったという可能性を推認するにはやはり**躊躇《ちゅうちょ》せざるを得ない**」としつつ、他方「視認していなかったのではないかの**疑いも払拭することは出来ない**」と裁判官らしからぬ、卑怯《ひきょう》な言い回しで逃げたのです。

58便クルーの接触直前の行動は神のみぞ知るであり、〝六法全書〟でしかものを見ない裁判官には、空中勤務者の行動を理解するのはかなりの無理があったというべきですが、やはり、無知というよりも、その裏には何か策謀があるように思えてなりません。

しかし、少なくともその道の〝専門家集団〟であるはずの事故調査委員は、もう少し状況に即した調査をすべきだったのではないでしょうか？

空自には事故調査専門部隊である「航空安全管理隊」が立川《たちかわ》基地にあります。私もその部隊長を勤めましたが、事故調査の目的は、「事故原因の真実の追究」であって、それにより「再発を防止する」ことにあります。調査に「思い込み」と「利害」が絡むと判断を誤り、「事故調査」ならぬ「責任の追求」になりやすいからです。それでは「調査結果」は間違った方向に流れやすくなります。

雫石事故当時、航空事故の調査に当たる機関は、政府が設置する「政府事故調査委員会」でしたが、この時は、「自衛隊（防衛庁）」と「航空行政（運輸省）」の問題を「裁く（法務省）」ことになりますから、総理府総務長官委嘱《いしょく》の委員会として設置され、その他については運輸大臣が選任することとされました。しかし看板はどうであれ、総理府の役人に専門的な事故を調査する能力はありませんから、実質的には委員の選出を含めて運輸省委嘱のものと少しも変わりませんでした。つまり、総理府は〝事務係〟に過ぎなかったといえます。こうして七月三一日に結成された委員の顔ぶれは、山県昌夫《やまがたまさお》（宇宙開発委員会委員）、荒木浩《あらきひろし》（東洋大教授）、井戸剛（東海大教授）、瀬川貞雄《せがわさだお》（日航航務本部長）、後藤安二《ごとうやすじ》（日航航務副本部長）というものでしたから、既に結論は出たも同然でした。

事故発生当日の参院運輸委員会で、元運輸省航空局技官で航空評論家の楢林寿一《ならばやしじゅいち》氏は、従来の政府事故調査委員会のあり方を批判しています。中でも調査の原因が曖昧《あいまい》だったり原因不明になる理由として「①利害関係②セクショナリズム③血縁関係④こじつけ論理⑤各個撃破⑥無能力⑦お粗末実験⑧死人に口なし⑨調査担当者の適性不良」を挙げて説明していますが、この場合、瀬川、後藤の両氏は日航の航務本部長と副本部長という関係だから①利害関係、②セクショナリズム、③血縁関係に該当するといえます。中でも瀬川氏は日航職員になる前は運輸省航空局の参事官、いわば天下りでした。彼は事故調査も峠を越した翌昭和四七年春に、運輸省管轄下にある航空大学校長に任命されています。

須藤氏は「ジェット・ルートＪ11Ｌ」の中に「瀬川氏の航空大学学長就任が運輸省の願望に寄与したことへの論功行賞であったのか、逆に、同氏に『全日空機側の過失も見逃さない』とする強い姿勢があったので、それを懐柔するためだったのか、或いは事故調査問題とは全く無関係だったのか、その辺の真相は分からない」と意味深長な書き方をしていますが、ＪＲ西日本の事故調査で事故調と会社が癒着していたことを思い出します。

委員長の山県氏は、宇宙開発委員、東大名誉教授、学士院会員という輝かしい肩書きの造船工学の権威ではありましたが、航空機、特に運用関係は全くの素人だったといっても過言ではないでしょう。

それが表面化したのは、昭和四七年七月二五日の記者会見で、「全日空機操縦者は……（自衛隊訓練機と）接触しないと予測したとも考えられる」とした報告書について、自衛隊を非難する新聞社の記者から「これでは全日空機操縦士が回避操作をしなかったことは〝判断ミス〟という意味に取れる」と質問され、「この文章は、全日空機長が回避操作をしなかったことは、不可抗力だった、という意味も含んでいる」と答えたのですが、さらに記者団から「それでは予測したという語句が予測し得なかったという意味にも通じることになる」と詰め寄られると、山県委員長は記者団の要求どおり、その場で「……訓練機と接触すると予測しなかったためと考えられる」と「**事故調査委員会に諮《はか》ることなく**」記者会見の場で、独断で報告書を改竄《かいざん》してしまったのですから、そんな事故調査は有名無実だというべきでしょう。これは山県委員長の個人的性格というよりも、バックに存在する運輸省に不利な結論が出せなかったからだ、というのが通説になっているのですが、この時点でこの事故調査委員会の信用性は完全に失われた、と私は思っています。

その他の委員に二人の大学教授が入っていますが、空中勤務を経験しない「教授殿」に、設計や構造力学的な問題を調査してもらうのならいざ知らず、空中での運行に関わる事故原因調査が出来るとは私には思えません。とりわけ井戸剛・東海大教授は、事故発生翌日、「毎日」「読売」新聞に登場して、散々《さんざん》自衛隊側を罵倒《ばとう》したご本人です。こんな偏向した素人教授がなぜ委員会に入ったのか？

事故当日中に既に四人の委員が決定していたが、三一日に追加されて入ったのが井戸教授だということは、あまりにも出来すぎていて不自然ではありませんか。少なくとも彼は、楢林氏の説に照らせば、④〜⑨の全てに合致する「不適格者」ですが、裁判の過程を見ると、①にも適合するのは明らかですから、彼が事故調査委員に入ったのは何らかの〝策謀〟だったと言われても仕方ないでしょう。

このように、雫石事故の調査には、誤解を恐れずに言えば政治家、運輸省、そして全日空間に相当な「利害」が絡んでいるように感じられるのです。そしてその裏にあったのは後述しますが「政治的取引」です。この時期、全日空社が深く絡んだロッキード事件が進行中だったのですから……。

第5章

全日空機操縦者の「見張り」について

一、視認していてなぜ回避操作を取らなかったか？

では百歩譲って、事故調査報告書が「少なくとも接触約七秒前から（前方を飛行している86Fを）視認していた」というのであれば、なぜクルーは「回避操作」を取らなかったのでしょうか？

川西機長は全日空に入社する前に、陸上自衛隊で小型機を操縦していて、編隊飛行の経験もあるはずです。前方を飛行する86Fを発見したならば、本能的に直ちに回避操作をしていたであろうことは疑いありません。仮に辻副操縦士が操縦していたとしても、彼は当日、50便で羽田に向かっている時、〝頭上を飛ぶ〟86Fを見て「ヒヤッ」としたのですから、無意識のうちに回避操作をしていたはずです。そんな二人の「プロ」が、接触七秒前に自衛隊機を目視していたものの回避しなかったとする調査報告書、それを無理やり適用しようとする裁判官に、不自然なものを感じるのは、私だけでしょうか？　それとも私自身が戦闘機操縦者で、このような状況下では七秒であると否とにかかわらず「直ちに回避する」からそう思うのでしょうか？

浜松の教官時代に、私自身、正面衝突する危険に遭遇しかかったことがありました。昭和四七年一〇月のある日、私はT33の後席に司令部幕僚のM二佐を乗せて計器飛行訓練中でした。M二佐は幌《ほろ》を被《かぶ》り外が見えない状況で、浜松上空に設定された待機ルートを飛行し、進入許可で降下を開始しました。もちろん全て後席で操縦するわけですから私は前席で見張りです。降下を開始して間もなく、キャノピーフレームとバックミラーの間に〃尺取虫〃のような紐状のものがチラッと私の目に入りました。頭を動かして確認して驚きました。T33の四機編隊が真正面にいたのです。一瞬飛行方向を確認したが間違いなく上昇してきています。その瞬間、私は無意識に操縦桿を取ると力いっぱい前方に突きました。後席で「ギャー」という悲鳴が聞こえましたが、ほぼ同時に「ボギーブレーク！」という無線が入りました。私は操縦桿を突いたまま一本の〃棒〃のような四機のT33に注目していましたが、その間の機首が下がるのが何と遅く感じられたことか。

四機のT33も一斉に編隊を解き〃棒〃がふわっと四方に〃分裂〃するのが見えた瞬間、ガーという爆音と共に一機が右主翼すれすれに交差、双方の右チップタンクが「ガキッ」と音を立てて食い込むような気がしましたが、寸前に相手の右主翼下面の日の丸が見えたので、私は相手の下を通過できると判断、交差するT33の胴体の日の丸がこんなに鮮やかだとは思いませんでした。キャノピーの中の二つのヘルメットがこちらを向いていましたが、バイザーで顔は見えません。私もバイザーを下ろしていたから相手も見えなかったでしょう。この間はかなり長く感じられましたが実は一瞬の出来事でした。

態勢を立て直して「ユーハブ・コントロール」と後席に声をかけると、M二佐は「待て待て、あんちょこが全部散乱してしまったから……」と言い、マイナスGでコックピット内に散乱した航空路図誌などを拾い集め、「OK、アイハブ」と操縦桿をとり、「何があったんだ？」と聞きました。M二佐は幌を被っていたから何が起きたか全く分からなかったのです。状況を説明すると「じゃ、危うく一佐に特別昇任（殉職）するところだったのか。惜しかったな〜」と何事もなかったかのように操縦を続けました。

こんな体験がある私には、「……全日空機操縦者が自衛隊機を視認していても、なおわずかの差で接触を免れ得るとの判断のもとに、あえて接触直前まで回避操作を取らないということもあながち理解できない事柄ではない」という裁判官の見解こそ全く理解できません。

きっとこの裁判官は、「前方を走行中の車が急減速したのを認識していたとしても、なおわずかの差で追突を免れ得るとの判断のもとに、あえて追突直前までブレーキ操作をしなかったということもあながち理解できない事柄ではない」というお考えの方なのでしょう。

回収された58便のFDRにも、接触前の十二分間に「回避操作」をした形跡は全くありません。

「自動操縦装置が働いているのだから、それを解除することを考えれば、あながち裁判官の判断も理解できないこともない」と言った評論家もいましたが、この評論家は緊急時に操縦桿（舵輪）を操作すれば自動操縦は解除されることを知らないのでしょう。アメリカで、脚操作時に警告等が点灯しないため、自動操縦のままで操縦者が点検に降りた際操縦輪に接触したため自動操縦が解除され、墜落した事故があったことを読者は覚えているでしょう。陸自で編隊飛行経験もある川西機長が、回避操作をしなかったのは「視認していなかった」としか考えられません。

二、読売新聞の〝再現記事〟

この〝謎の七秒〟を、昭和四七年七月二八日の読売新聞は、事故調査報告書をもとに「〝ナゾの7秒〟を再現」「窓に広がる訓練機」「危ない！衝突」との見出しで、再現していますので、少し長くなりますがリードから引用します。

【左上方から、刻々機影を大きくしてすり寄ってくる自衛隊機。少なくとも接触七秒前に、この機影を認めた全日空機、川西三郎機長は、何を考え、どういう行動を取ったのか——。昨年七月三十日の全日空機・自衛隊機空中衝突事故の最終報告書が二十七日、田中首相に提出されたが、やはり、〝死者の心理〟を正確にうかがい知ることはできなかった。この〝七秒間のナゾ〟をめぐって、全日空と防衛庁の見解は、真っ向から対立している。避けられたのか、避け得なかったのか。真実はひとつしかない。最終報告書に盛り込まれた全日空機フライト・レコーダー、傍受した管制交信テープの分析をもとに、恐怖の一瞬を再現する】

「晴天、視程10キロ以上」

《午後一時三十三分、千歳空港を飛び立った東京行き全日空58便はジェット・ルート「J11L」に乗り順調な飛行を続けていた。雲ひとつ無い晴天、視程は一〇キロ以上。飛びなれたコースに何の不安も無い。が、悪夢のような一瞬は刻々と迫っていた。接触二〇秒前、いったんジェット・ルートを横断した自衛隊機は左旋回を開始していた。その時、教官機の位置は全日空機の左二十九度前方二・五キロ、訓練機は左六十五度前方一・四キロにあった。『全日空機操縦者にとっては、訓練機は終始、注視野（固視点を中心とする四十四度から五十度の範囲を言う）の外にあった＝報告書から』》

事故当時は、全日空機に自衛隊機が体当たりしたかのような報道をしたのに、一年経つとこうも変わるものかと驚きます。「ジェット・ルートを横断した自衛隊機」という表現で、いかにも自衛隊機が訓練空域を逸脱したかのように表現していますが、全日空機側がジェット・ルートを逸脱していたことは前述のとおりです。教官機は「左二十九度前方」であり、訓練機も「左六十五度前方」と明記されているのですから、全日空機が編隊の後方から追突したことは間違いありません。しかしそれでは過失責任が全日空機側にあることになるから、報告書には「注視野」という聞きなれない医学用語を使い、全日空機の操縦者の視野外にあったと強調していると思われます。

「注視野」とは、「顔を動かさず眼球のみを動かして眼球の中心で物を見る範囲」のことだそうですが、人間のクビもフレキシブルに動くのであって、民間機の操縦者は首を固定して眼だけで見張りをするはずはありません。それとも川西機長はこの時首筋を痛めてクビが回らなかったのでしょうか？ そうではないのに、なぜ【注視野】と言う用語を用いなければならなかったのか分かりません？もし首は動かさなかった、というのであれば「食事中」だったから動かせなかったのでしょう。

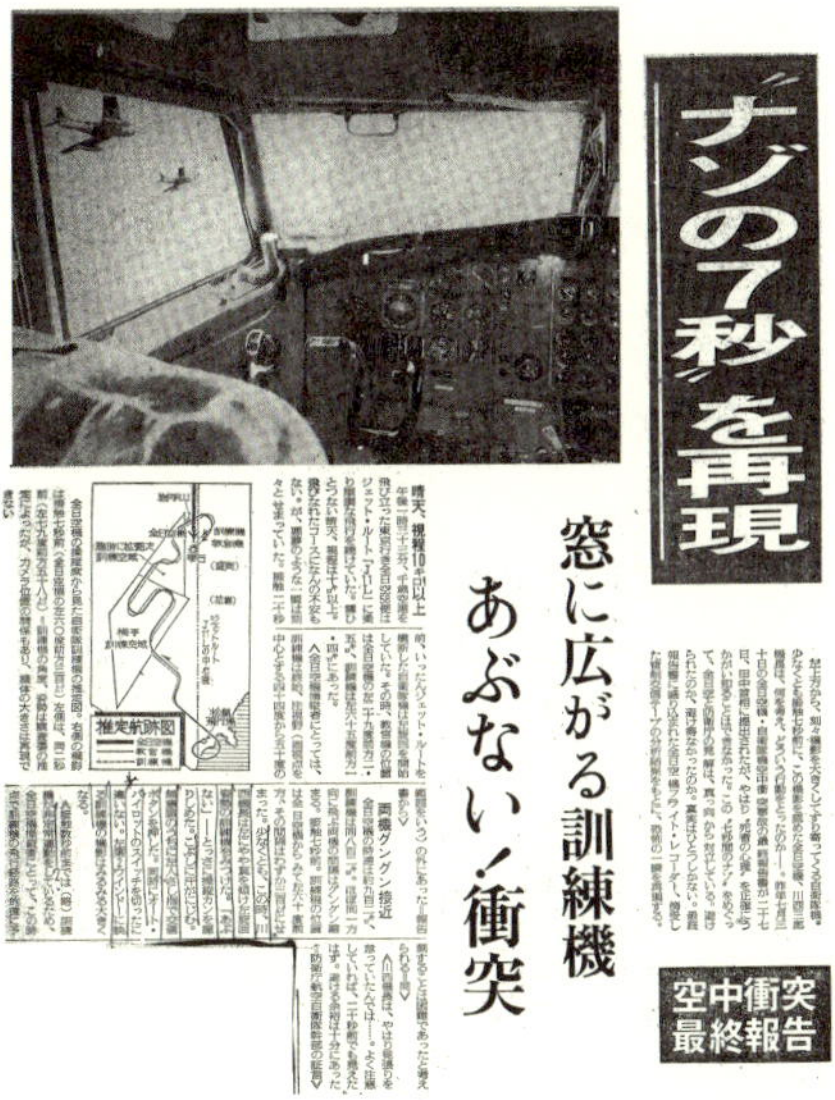
"ナゾの7秒"を再現
窓に広がる訓練機
あぶない！衝突
空中衝突最終報告

読売新聞、昭和四七年七月二八日付早版

「両機グングン接近」

《全日空機の時速は約九百二キロ、訓練機は同八百二キロ。ほぼ同一方向に飛ぶ両機の間隔はグングン縮まる。接触七秒前。訓練機の位置は全日空機から見て左六十度前方、その間隔は僅か三百メートルにせまった。少なくとも、この時、川西機長は左にやや翼を傾け左旋回姿勢の訓練機を見つけた。「危ない」――とっさに操縦カンを握り締めた。こぶしに汗がにじむ。無意識のうちに左人さし指で交信ボタンを押した。同時にオート・パイロットのスイッチを切ったに違いない。左第2ウインドーに映る訓練機の機影はみるみる大きくなる。『接触数秒前までは（略）訓練機が非定常運動をしているため、全日空機操縦者にとって、この時点で訓練機の飛行経路を的確に予測することは困難であったと考えられる＝同』》

事故当初は、「戦闘機の方が旅客機よりも優速」であるかのように報道したにもかかわらず、ここでは約百キロ、旅客機の方が早かったことを認めています。しかし、この文章は実に不自然です。

まず、「川西機長が接触直前に訓練機を目視発見している」と決め付けていてご丁寧にも「とっさに操縦カンを握り締めた」と書き加えていますが、何の証拠もありません。

「こぶしに汗がにじむ。無意識のうちに左人差し指で交信ボタンを押した」という表現に至っては苦笑を禁じえません。仮に握り締めたにせよ、接触までの七秒間、迫る機影をただ見つめているのですから。七秒間で手のひらに汗がにじむのですから、よほどの汗かきだったのでしょう。

さらに報告書は、訓練機が「非定常飛行をしている」と断定していますが、川西機長が回避をためらうような「非定常飛行」ではなかったことは市川二曹の証言でも判明しています。

記事には《川西機長は、やはり見張りを怠っていたんでは……。良く注意していれば、二十秒前でも見えたはず。避ける余裕は十分にあった》との空自幹部の証言が付け加えてありますが同感です。

平成元年五月九日、東京高裁で民事訴訟の控訴審判決が出ましたが、その中の「全日空機操縦者らの視認の有無、視認可能性」の（3）項には、**「全日空機操縦者らが揃って接触時まで訓練生機を視認していなかったという可能性は大きくないが、視認していなかったのではないかとの疑問の余地もある」**とし、**「視認していながら回避措置を全くとらなかったことの理由の合理性は乏しい」**とあります。

視認についての言い回しは冗長ですが、少なくとも「視認していたら回避していた」と言っているのです。だから読売の記事のように、川西機長らは「ただただ操縦カンを握り締めて固まっていた」はずはありません。ただ見ていなかっただけなのです。さらに記事は想像を逞《たくま》しく次のように続いています。

「乗客の目に黒い影」

《接触四秒前から訓練機の機影は、川西機長の視野の中で、急速に左へすすみ出す。全日空機におおいかぶさるようにせまってきた訓練機は、そのまま第3ウインドーを横切って、接触一秒前、機長の視野から消えた。左側の席に座っていた乗客は窓外に〝黒いかげ〟が走るのを認めたかも知れない。が、それも一瞬だった。『訓練機の機軸が全日空機の進路に並行に近い姿勢であったこと、機影が左後方に移動したため、全日空機操縦者は回避準備状態にあったものの、接触すると予測しなかったと考えられる＝報告書から』》

報告書を読み解いて「想像文を書く」記者はさておき、この報告書は、前述した航空評論家・楢林寿一氏の言葉を借りるならば、「血縁関係」がある事故調査委員による麗《うるわ》しい「こじつけ論理」です。

記者団に詰め寄られた山県委員長が、委員会に諮ることなく記者会見の場で独断で改竄した結果を、この記者はこのように想像したのです。「回避準備状態にあった」とは、手に汗握って固まっていたことを意味するのでしょうが、接触したのは紛《まぎ》れもない事実ですから、機長の判断は操縦者としての資質に欠ける誤判断だったと言わざるを得ません。

しかし、そうじゃないでしょう。機長はプロです。やはり視認していなかったからこそ、このようなプロとしてはあるまじき「異常接近から接触」に至る事故を招いてしまったのです。

この「こじつけ論理」がいかに間違いであるかは、接触後の「交信記録」で証明されています。

「接触、軽い衝撃が……」

《午後二時二分三十九秒、訓練機の右主翼後縁と全日空機の水平尾翼安定板前縁が最初の接触を起こした。このショックで訓練機は機首を右に振り、機首底部が全日空機の垂直尾翼上部安定板の左側面と二度目の接触を起こした。しかし、接触直前まで全日空機のフライト・レコーダーには回避操作を示す機体の反応は見られなかった。全日空機側の接触による衝撃はプラス一・一G（重力）と小さく、乗客が気づくほどではなかった。『第二の原因は全日空機操縦者にあっては（略）接触直前まで回避操作が行われていなかったことである＝報告書から』》

《何しろ七十トンを越す物体が時速九百キロで飛んでいるんですよ。仮に回避操作をしても機体が反応するまで数秒はかかる。戦闘機じゃあるまいし、急激に操縦カンを動かせば、ベルトを締めていない乗客にすごい重力がかかり、死者も出る。下手に左に傾けば、右主翼が上がってますますぶっつかる危険が増す。とっさの間に川西の頭には、さまざまな考えが交錯したに違いない＝全日空、山口機長の証言》

まず報告書の接触状態について「訓練機の右主翼後縁と全日空機の水平安定板前縁が最初の

接触を起こした」のですから疑いなく全日空機側の「追突」です。「全日空機のフライト・レコーダーには回避操作を示す機体の反応がなかった」以上、機長は明らかに視認していなかったのです。

驚くべき非常識は、川西機長の同僚、山口機長のコメントでしょう。機体重量が何トンで時速何キロで飛んでいようと、危険に遭遇した場合に回避するのが操縦者の務めです。

そして「急激に操縦カンを動かせば、ベルトを締めていない乗客にすごいGがかかり、死者も出る」との発言は、「血縁関係」にある者としての「こじつけ論理」以外の何物でもないでしょう。ベルトを締めていない乗客にすごいGがかかることを避けて回避せずに接触すれば、墜落して全員が死亡します。

話はそれますが昭和四八年七月一二日午後に、鹿児島発東京行き全日空614便のB727型機（田村和男機長）から、航空局安全監察室に電話で報告された「全日空ダブルニアミス」事件があります。

読売新聞によると《同日午後二時五十一分、同六一四便（乗客八十三人）は、宮崎市の航空無線標識（NDB）の上空二万七千フィート（八千百メートル）を通過した直後、福岡管制部の管制官から「直ちに二万五千フィート（七千五百メートル）の高度まで降下せよ」という指示を受けた。このため、約一分後に高度二万六千三百フィート（七千八百メートル）まで降下したところ、前方約九キロ、高度二万六千フィート（七千八百メートル）に東京発鹿児島行き全日空六一七便（ボーイング七二七型）＝有働武俊機長、乗客百四人＝を発見した。

そこで、六一四便は、衝突を避けるため急上昇したところ、危機一髪のところで、すぐ真上を全日空那覇発大阪行き一〇二便（同）＝井上忠義機長、乗客百一人＝が追い抜いて行った。一〇二便は高度二万七千フィート（八千百メートル）を飛行しており、六一四便との上下差はそのとき約百二十メートル》というもので、この時の原因は、管制指示ミスでした。

しかし、川西機長と同様、七〇トンもあるB727型機を操縦していた田村機長は、八三人の乗客がベルトを締めているか否かを確認することなく、直ちに急上昇して間一髪回避しているではありませんか。これが操縦カンを握る者が取る当たり前の行動なのです。ついでにもう一例挙げておきましょう。

昭和四七年八月三日、東京湾上空で、ジャンボ機同士がニアミスを起こしました。当時の読売新聞はこう報じています。

《……二日夜、東京湾上空で、日航とパンアメリカン航空のジャンボ機同士が、上下差僅か三十―六十メートルの間隔ですれ違うという、ぞっとするようなニアミス（異常接近）があった。二機の乗員、乗客合わせて五百人。どちらかのジャンボ機の計器の見誤りか誤指示の疑いもあるので航空局で両機のフライトレコーダー（飛行記録計）などを取り寄せ、調査する方針

だが、日航機側の言い分によると、一瞬の回避が遅れれば空中衝突、航空史上かってない大惨事となる恐れがあったという》

日航の報告では《……ジャンボ機は次第に左旋回しながら接近、目の前に迫ったので、日航機は急いで右旋回しながら約六十メートル上昇回避したところ、相手機は、すぐ左下三十—六十メートルのところをかすめるようにしてほぼ十字にすれ違った。ジャンボ機の垂直尾翼は高さ十五メートルぐらいあるので、まさに間一髪だった》といいます。

この事例は、日航機側が「パンアメリカン機が左下をかすめて通った」というのに対して、パンナム側は「右前方に日航機のライトを認めた。日航機が降下中だったので、こちらもごく普通に右によけ日航機は左下を通過していった。高度差は二百四十—三百メートル」と食い違っているのですが、いずれにせよ、日航機は回避操作を行っているのです。夜であったにもかかわらず、この日航機機長は川西機長のように「とっさに操縦カンを握り締め、こぶしに汗がにじむ」ことなく、回避操作を行っているのです。これらの事例に対する山口機長の見解を伺いたいものです。

「操縦不能、落ちる!」

《接触後一、二秒のうちに、全日空機の水平尾翼、垂直尾翼がもぎ取られた。川西機長は必死で操縦カンを操作する。が、もはや操縦不能。建て直しはきかない。同機は約四秒間、慣性で水平飛行を続けた後、落下し始めた。マイナス2G、マイナス3G。おそらく、この段階で、ベルトをはずしていた乗客たちは天井にたたきつけられ、失神状態になったに違いない。交信テープ解析によると、接触九秒後、川西機長は始めて「アー」という声を上げた。『エマージェンシー、エマージェンシー』（緊急状態発生）と二回、最後に絶叫。接触十四秒後の午後二時二分五十三秒、強い重力にもぎとられるように機長の手は操縦カンを離れた。接触後二十五秒間で同機は八千五百メートルの上空から四千五百メートルまで落下。この間、主翼がちぎれ胴体が裂け、完全に空中分解した。そのすぐそばを、市川二曹の白いパラシュートが舞い降りていった》と記事は結ばれています。

当時の空自パラシュートは赤（濃い朱色）と白のまだら模様でしたから、最後の「市川二曹の白いパラシュート」は明らかに事実を知らない記者による自衛隊機を非難するため？　の情緒的な作文であることは明らかですが、問題は、あくまでも川西機長が「必死で操縦カンを握っていた」とする「仮説」にあります。もしも握っていたのだとすれば、接触と感じた時点で、速度を減らし、水平を保ちつつ降下しなければなりません。それが一般的な「ダメージ・コントロール」であり、風圧によるそれ以上の機体損傷を防ぐためにとる手順です。陸上自衛隊パイロット出身者ならば熟知していたはずです。

昭和三一年一二月四日、ニューヨークのカルメル上空で起きたイースタン航空の「コニー機」と、トランスワールド航空のB707型機との空中接触事故で、後部操縦装置をもぎ取られたコニー機のホワイト機長は、超人的なスロットル操作を駆使してケネディ空港に着陸しました。

着陸後機体は炎上しましたが、乗客を助けようと機内に飛び込んで行った機長は殉職しましたが、多くの乗客は助かった事例です。

昭和六〇年八月一二日に、圧力隔壁が破壊して垂直尾翼を失ったJAL123便も、全ての操縦系統の油圧を失いましたが、スロットル操作で何とか海上に不時着水することは出来なかったものか？　と事故後に言われたものです。しかし、そんな状況を常に想定して訓練していなければとっさに処置できないものですし、私自身、結果的には無理だったろうと思っています。

しかし、58便の場合には、FDRの垂直降下の軌跡を見ても、少なくとも高度四五〇〇メートル、水平距離四〇〇〇メートルまでは空中分解した形跡はないのです。

「接触九秒後」に川西機長が「エマージェンシー・コール」をしていますが、新潟空港管制所の交信テープには、「エマージェンシー。メイデー、メイデー、アー、アネイブルコントロール……」と「絶叫」したことが記録されているだけです。接触後、なぜ緊急コールに九秒もかかったのでしょうか？　接触七秒前から視認していたはずの機長が……。

三、「視認」に関する双方の意見

さて、このような全日空機操縦者の「視認」に関する判示については、『追突』の著者である足立氏も次のような疑問を提示しています。

《全日空機機長は、午後二時二分五〇秒ころからの緊急通信で、「エマージェンシー・メーデー・メーデー・メーデー・アネーブル・コントロール」と発信しながら、他機との接触には何もふれていない。

この点について、民間機の操縦経験が長い三証人は、一審公判で、機長の市川機視認に揃って疑いを投げかけ、次のように証言している。

後藤安二調査委員は、自身の関与した調査報告書が、約七秒前からの視認を推定しているにもかかわらず、「全日空機操縦者は訓練機を全然見ていなかったのかもしれない。ノイズの解説は相当推測を含んでいるので、決定的なことはいえない」と述べた。

佐竹仁日航運行安全監査室長は、「一つには、見えていたがよけられると思った場合と、もう一つは、何らかの理由で見ていなかった場合が考えられるが、私自身としては、後者ではないかと感じている」と証言し、元全日空運行基準部長井口清証人も、「全日空機の緊急通信の中に自衛隊機のことが出てきていないので、自分としての想像であるが、全日空機操縦者は訓練機を視認していなかったのではないかと推測した」と供述している》

このように、操縦のベテラン達の意見も、「全日空機操縦者は訓練機を視認していなかっただろう」と推定しているにもかかわらず、盛岡地裁は、「全日空機操縦者が、市川機を現実に視認していたか否かは最終的には明らかとは言えない」としつつも、①大型機が小型機を発見した場合、その動きを判断して以後の針路を的確に予測することは困難②市川機は全日空機の左前方約三〇〇メートルの位置にあって、約三〇度の左バンク角で旋回中だったため、そのまま回避していくと考えたのではないか。③計器飛行方式でジェット・ルートを飛行する操縦者が、管制承認を受けた経路、高度に従い定常飛行を続けているから、接近してくる有視界飛行方式による航空機において、通常以上に視認、回避を厳重にするだろうとの期待感を持つことは、〝**その是非は別論としても**〟**あながち不可能なことではない**、との推論を持って判示しています。しかし待ってください。「大型機が小型機を発見した場合、その動きを判断して以後の針路を的確に予測することは困難」と言いながらも、「なだしお」や「あたご」の事故では大型艦側の回避が問われました。なぜでしょう？「自衛隊の〝犯罪〟」にしたかったからでしょうか？

そして「このように全日空機側の操作上の過程に、必ずしも明白となしえない部分が残る以上、不明の事実は被告人の利益に扱われるべき刑事訴訟法上の原則に鑑みるならば、この問題については、量刑の上においても被告人らの不利益に斟酌《しんしゃく》されることがあってはならない」と言いつつも何等配慮していません。これに対して足立氏も次のように反論しています。

《ここにある刑事訴訟法上の原則とは「疑わしきは被告人の利益に」を指していると思われる。すると、全日空機操縦者が、接触直前まで回避操作をしなかった理由が不明であるから、被告人らの量刑に不利益な斟酌をしてはならないということになるのだろうか。これは誠に奇異な論旨である》

私も裁判官は、ここでいう「被告人」を「全日空機操縦者」と勘違いしているのではないか？　と思ったくらいです。足立氏は言います。

《全日空機側が回避操作をしなかったことは、FDRの記録から明白である。回避操作をとっておれば、市川機の回避操作と相まって、或いは大惨事を避けえたかもしれないのである。とすれば、市川機を視認しなかったから回避しなかったのか、それとも視認しながら判断を誤り、回避しなかったのかはさておき、回避操作がされなかったことこそ着目すべきではなかろうか》

足立氏の考察は、至極全《まっと》うなものだと思いますが、こんな単純で常識的な判断が出来ない裁判官がいるとは、実に恐ろしいことだと思います。冤罪が起きるわけです。

《これが本件を発生させた全日空機側の一方的過失とまでは言えないにしても、どうして重大な過失であると指摘できないのだろう。被告人らに不利益に斟酌される余地などありようはずがない。にもかかわらず、わざわざ「被告人らの不利益に斟酌されることがあってはならない」と慮りつつ、その実、業務上過失致死の隈被告に禁固四年、市川被告に禁固二年八月のきびしい実刑を科したのである。

全日空機側が回避操作をしなかった事実は、機長らの過失の立証にこそ役立つものだ。被告人らの犯罪事実を立証するためのものではありえない。むしろ、無罪を立証するための有用な証拠となる可能性を持つものではなかろうか。被告人らの量刑を勘案する際に、『有利に』、つまり量刑を軽減する方向にこそ斟酌されるべきものであることは明らかであろう》と足立氏は書きましたが全く、同感です。

この時の裁判長は、立川共生《たつかわともいき》裁判官でした。判決の翌日、昭和五〇年三月一二日の読売新聞【人間登場】欄で、記者の質問に答える形式で次のように語っています。

《……この事件は隈、市川両被告の過失による事故という形で決着がついた。

「両被告は航空法違反と業務上過失致死で起訴された。検察側のその妥当性を問うのが、この裁判だったわけです。だから、焦点は両被告の過失の有無にあるので、自衛隊が合憲か違憲かというのは見当違い」

……三二回に及んだこの公判で、問う側も、裁く側も、ともに〝大きな忘れ物〟をしてきたのではないか、という問いに対する答え。

「そうでしょう？ **自衛隊員といえども、基本的人権はある**んで、自衛隊という組織を裁く裁判ではないんです」

……それにしても、市川被告の教官が隈被告であり、隈被告は航空自衛隊が設定した訓練空域を飛行していた——

「それは検察側に聞いてください。ただ、それでいくと、ある事件の犯人に罪があるのは生んだ親のせいだ、ということになってしまう。どこかで線を引かなければ」

……最後に信頼しうるのは人間の注意力——と判決にある。判決後の記者会見でも、裁判長は「最後は人間」と断定した。結局のところ、この判決は何も解決しなかったのでは？

「その通り。それが裁判というものです。ある一側面しか解決しない。けれどもワイマール憲法下でも、司法が結局はナチスに協力していったように、司法だけ先走るのは非常に危険なことなんです。その意味で、裁判官としての限界は心得ているつもり。ただ、限界の名のもとに安易に流れるのは、警戒しなければなりませんが――」

「自衛隊側の、遺族に対する道義的責任は確かにあると思います。しかし、法律が社会のすべてではないので、判決にそこまで期待をかけるのは望ましいことではない」

……初公判から三年余。〝重荷〟をひとまずおろして、いくぶん緊張がほぐれたのだろう。気持ちのいい裁判でしたか？　という問いに、「フロに入るわけじゃあるまいし」とシャレを飛ばす余裕もある。

科学裁判という側面についても、黒板を使い、「横軸がファクター、縦軸がポシビリティでしょう。この範囲が、合理的な疑いを超えた判断、つまりビヨンド・ザ・リーズナブル・ダウトです」と記者団を煙に巻いた。横文字が好きでもある。

二十六年京都大学法学部入学、在学中に司法試験に合格。京都地裁判事補を振り出しに、釧路地裁、東京地裁、広島地裁を歴任。四十二年四月、同地裁判事となり、大阪地裁を経て四十六年三月から盛岡に。

人間観察が深いという理由で司馬遼太郎を読み、スキー、スケート、テニスと、スポーツならば何でも手を出すが、「どれもうまくならない」。奇をてらうのをきらい、「平凡な人間」を自称する四十二歳。滋賀県大津市出身》

防衛庁は控訴《こうそ》しましたが、二審の仙台高裁でも「全日空機機長は接触七秒前において市川機を視認していたことは確実」だとしたのです。そして弁護側が主張する「全日空機側の過失」を排斥しました。さらにいかにも科学的に分析したかのような接触時の訓練機の動きを解説し、全日空機操縦者の接触予見などについて述べましたが、あくまで「七秒前に視認していたことは確実」だとしつつも、「市川機を視認していれば、事故は避けられたのではないか」とする黒田鑑定書について、「その限りにおいて全日空機操縦者に見張り義務違反の事実があったということも出来る」と意味不明な意見を述べています。

その上で黒田鑑定書を不採用にしたのですが、「事故は現実に発生しているのであるから、全日空機操縦者には具体的判断を誤ったとする余地もないわけではなくなる。原判決のこの点の説示には、にわかに賛同できないものがある」といいつつ、「全日空機操縦者の一方的過失に起因すると認定するにたる証拠はない」というのですから支離滅裂、全く理解に苦しみます。

事故調査委員会、裁判官と、どうしてそこまで〝無理に〟全日空機操縦者を庇《かば》うのか全く理解できませんが、これは裁判官の航空知識や人間心理学に関する知識不足というよりも、裏に何かの〝策謀〟が作用していたと見るのが妥当ではないでしょうか？

このように、見るも気の毒な「裁判官の気苦労？」が解決されるのは、民事訴訟においてでした。

民事第一審の東京地裁（小川正澄《おがわまさずみ》裁判長）では、全日空機操縦者は「接触するまで全く市川機を視認していなかった」と認めましたが、東京高裁の裁判長はなぜか「市川機を視認していなかったという可能性を推認するにはやはり躊躇を覚えざるを得ない」と〝躊躇〟しました。全日空機操縦者が、前方を見張っていたか否かの論争は、こうして曖昧なままに決着したのですが、改めてその経過を見てくると、冒頭に掲げた『週刊新潮』が指摘したように、いかに不自然な判示が下されているか自明でしょう。そしてそのヒントは、刑事裁判の第一審を受け持った立川裁判長が、インタビューに答えた中にあるように思われるのです。

彼は「自衛隊員といえども、基本的人権はある」などと差別的発言もしていますが、これは無意識のうちに「自衛隊を犯人にせよ」というどこからかの圧力があったからだと考えるのは考えすぎでしょうか？

それはさておき、「隈被告は航空自衛隊が設定した訓練空域を飛行していた――」という記者の質問に、「それは検察側に聞いてください。ただ、それでいくと、ある事件の犯人に罪があるのは生んだ親のせいだ、ということになってしまう。どこかで線を引かなければ」と答えているのですが、これもまた意味不明な発言です。「検察側に聞け」とか、「どこかで線を引く……」などという発言は、それは事件の真相を追及すべき裁判官らしくない発言であり不適切でしょう。彼は何かの〝圧力〟を感じていて「どこかで線を引かねばならなかった」のだと記者に仄《ほの》めかしているのでしょうか？

「この判決は何も解決しなかったのでは？」という問いにも、「その通り。それが裁判というものです。ある一側面しか解決しない。けれどもワイマール憲法下でも、司法が結局はナチスに協力していったように、司法だけ先走るのは非常に危険なことなんです。その意味で、裁判官としての限界は心得ているつもり。ただ、限界の名のもとに安易に流れるのは、警戒しなければなりませんが――」と飛躍した答えをしているのですから、国民が裁判官不信に陥るわけです。

実は事故調査委員会は、結成当初に当時の丹羽《にわ》運輸大臣から「事故原因は自衛隊機側にある」と注文をつけられていて、その「結論」に導くべく理由付けに苦労していた、という説が濃厚なのですが、この点については後述します。

接触七秒前に、「追突」した全日空機操縦者が、前方をよく見張っていなかったのは、飛行方式が「有視界方式」であろうと「計器飛行方式」であろうと、見張りをするのが操縦者の基本である以上大問題なのですが、少なくとも「前方」を飛行する訓練機を視認した時点で、「回避操作」はもとより、「異常接近」事態が発生した時と場所とを地上の管制官に直ちに報告するのが常識です。それをしなかったのは視認していなかったからであり、もしも視認していたとしたら、異常事態発生時に「自衛隊機と接触……」という言葉が出たはずです。

百歩譲って、裁判官が言うとおり、全日空機操縦者が接近してくる訓練機を「見ていた」上、接触した衝撃も「感知」し、墜落状態に入っていながら「その異常事態」の原因を単に「アネイブル・コントロール（操縦不能）」としか管制官に向けて発信しなかったのはなぜか？「86Fを見ていなかった証拠」ですが、勘ぐれば飛行計画書に申告した「J11L」を逸脱して仙台への「直行経路」を飛行していることが地上管制官に〝ばれる！〟と、無意識のうちに思ったからだと言えなくもないでしょう。

通報していたら、地上の管制官は位置を聞き、「どうしてそんなところを飛行していたのか？」と問題視し、「そこは自衛隊の臨時訓練空域だ」と叱られたかもしれません。あくまでも〝推測〟ですが……。

四、〝接触〟その時何が？

接触した午後二時二分三二秒、その時コックピットでは何が起きていたのでしょうか？

この時刻は交信内容を記録した地上のテープから割り出されたもので、「二時二分三十二・一秒から三十二・四秒までの〇・三秒間の雑音と、三六・五秒から約八秒間続く雑音は、58便機長席のブームマイクの送信ボタンが空押しされて出たもの」とされ、この時刻に接触したものと推定されているのですが、実はここに重大なことが隠されているのです。

まず政府の事故調査委員会報告書は「少なくとも接触約七秒前から（前方の86Fを）視認していた」とし、「訓練機の機軸が全日空機の進路に並行に近い姿勢であったこと、機影が左後方に移動したため、全日空機操縦者は回避準備状態にあったものの、接触すると予測しなかったと考えられる」としました。これを受けた裁判官は、「……**全日空機操縦者が自衛隊機を視認していても、なお僅かの差で接触を免れ得るとの判断のもとに、あえて接触直前まで回避操作を取らないということもあながち理解できない事柄ではない**……」と不可解な判示をしました。

そこで読売新聞はこれらをもとに「〝ナゾの7秒〟を再現」し、その様子を「川西機長は左にやや翼を傾け左旋回姿勢の訓練機を見つけた。『危ない』――とっさに操縦カンを握り締めた。こぶしに汗がにじむ。無意識のうちに左人さし指で交信ボタンを押した。同時にオート・パイロットのスイッチを切ったに違いない。左第2ウインドーに映る訓練機の機影はみるみる大きくなる」と〝推定〟しました。

そして「接触4秒前から訓練機の機影は、川西機長の視野の中で、急速に左へすすみ出す。全日空機におおいかぶさるようにせまってきた訓練機は、そのまま第3ウインドーを横切って、接触一秒前、機長の視野から消えた」と書き、「午後二時二分三十九秒、訓練機の右主翼後縁と全日空機の水平尾翼安定板前縁が最初の接触を起こした。このショックで訓練機は機首を右に振り、機首底部が全日空機の垂直尾翼上部安定板の左側面と二度目の接触を起こした。しかし、接触直前まで全日空機のフライト・レコーダーには回避操作を示す機体の反応は見られなかった」と書いたのです。

そして次にくるのが「エマージェンシー・コール」です。もう一度よくこの一連の流れを整理しておきましょう。

機長席（左側）の川西機長は、前方の訓練機を視認し、少なくとも七秒前から操縦輪《りん》を握って見つめていたが接触しないと判断して、回避操作はしなかった。しかし「左第2ウインドーに映る訓練機の機影はみるみる大きく」なり「川西機長の視野の中で」「全日空機におおいかぶさるようにせまって」きて「そのまま第3ウインドーを横切って、接触一秒前、機長の視野から消えた」のです。

そして次に接触の軽い衝撃、「川西機長は必死で操縦カンを操作する。が、もはや操縦不能。建て直しはきかない。同機は約四秒間、慣性で水平飛行を続けた後、落下し始めた」。

この後に川西機長が叫んだのが、新潟管制所で記録された交信記録にある「エマージェンシー。メイデー、メイデー、メイデー、アー、アネイブルコントロール……」という言葉です。

通常、このような場合、「訓練機を視認していたが、接触しないと判断していた」人間ならば「恐れていた事態が発生した」と感じて、「自衛隊機と接触した！」と最初に発声するものです。

高速道で「車間が狭い」と感じつつ前方車を無理に追い越した際、「コツン」とショックを感じたら、「しまった！　接触した」と思うのが当たり前で、それが第一声になるのが普通です。

しかし、車ならぬ、より高度な訓練を積んだ航空機の操縦者・川西機長は、そう発声しませんでした。仮に機長ではなく辻副操縦士が操縦輪を握っていたとしたら、彼の場合は、午前中の「ヒヤリ！」経験から、「自衛隊機が！」と発声したに違いありません。それが川西機長には全くなく、ただ非常事態を告げる「エマージェンシー」「メイデー」コールをしたばかりか、緊急事態の内容を単に「アネイブルコントロール」、つまり原因は不明だが「操縦不能」とだけ言っているのですから、彼には「何が起きたのか」原因さえも分かっていなかったはずです。だから、その後の「ダメージ・コントロール」も施《ほどこ》せなかった……。

そうなったのは、明らかに見張りをしていなかった証拠でしょう。それでは都合が悪くなる〝地上の関係者達〟が、彼の責任を免除する目的、というよりも自らの保身のために、素人目にも分かるような筋の通らない「調査報告書」を書き、あるいは書くように圧力をかけ、一方的に「自衛隊の〝犯罪〟」にしようとしたのではないでしょうか？

ではクルーは、接触時にコックピットで何をしていたのか？　やはり、遅れていた昼食中だったとしか考えられません。なぜそんな簡単なことが証明できないかというと、事故発生後、収容された乗員の検視がなされていないからです。これは実に大きなミスでした。検察側の大失態である以上、これもまた被告人に有利に働くべきでした。菅家さん事件のＤＮＡ判断ミスのように……。

「全日空機の残骸と破片は、東西六四〇〇メートル、最大幅約六〇〇メートルのベルト状地域内と、五八〇×一二二〇メートルの比較的狭い四角形地域内の二箇所に分かれていた」が、乗員の遺体は、四角形地域北辺をまたいだ地域内で発見されています。なぜ地元警察が乗員の遺体解剖をしなかったのかは未だにナゾです。当時は「この種の大事故の処理に不慣れな地方警察だったから……」と言われていましたが、それなら犯罪者は捜査未熟な地方警察の管轄《かんかつ》場所でやるに限る！　ということになります。これこそ今、大問題になっている「検察のミス」でしょう。

私が広報室長時代に某全国紙の編集委員が、「機長とスチュワーデスは、圧迫死体となって発見されたのだ」と教えてくれたことがありました。自動操縦に切り替えて、食事をしようとした機長はヘッドセットとシートベルトを外して操縦室を出た。そして機長は操縦室に隣接したコンパートメントでスチュワーデスにコーヒーを入れてもらっていた……と彼は推測するのです。

長時間着座しているクルーは、今でいう「エコノミー症候群」状態だったでしょうから、身体を伸ばしたくなったでしょうし、喉を潤したかったのかもしれません……。そんなクルーの気持ちは容易に想像できます。ところがその時に接触し、機体は降下し始めマイナスGがかかり始める。お茶を入れていたスチュワーデスは、体が浮く恐怖で機長にすがりつく……。

そんな光景も「ありえないことではない」でしょうが、事故調査報告書には、接触後、操縦室内にいた機長が送信ボタンを押して「緊急事態」を発したことになっています。しかし、もしも新潟管制所で記録されたボイスが副操縦士のものだったとしたら、席を外していた機長とスチュワーデスの圧迫死体が見つかっていてもおかしくはありません。ただ、遺体収容時の記録が確認できない以上、それは彼の空想だというほかはありません。

ところが事故直後の七月三一日の毎日新聞夕刊には、こんな記事があります。

《……飛行時間一万時間を越すベテラン査察操縦士は「定期航空路を巡航中のジェット機に、自衛隊機が斜め後方から突っかかるなんてむちゃくちゃだ。この事故で、百数十人の客を乗せ空を飛ぶ自信がなくなった」と、唇をかみしめた。無理もない。離陸時のひときわ忙しい計器類のチェックが終わり、巡航高度に達するとパイロットは緊張感から解放される。**スチュ**

ワーデスが運んできた機内食を味わいながら、副操縦士と世間話をするのも、この時だ。パイロットだけが知る高空の醍醐味を、規則違反の自衛隊機に破られたのでは、飛行中気の休まる暇もない。「空港周辺の過密による危険はともかく、高高度の航空路上は安全だと思っていた」。がっしりした身体を折るように、そのパイロットは絶句した》

記者の脚色の素晴らしさはともかく、この記事は、あるベテラン査察パイロットの言葉を記事にしたものです。だとすれば、彼が暴露しているように、巡航高度に達して自動操縦に切り替えた「昼食をとり損ねていた川西機長」以下の動静を窺い知ることが出来ます。つまり、緊張感から解放された彼らも「スチュワーデスが運んできた機内食を味わいながら、副操縦士と世間話をしていた」公算は極めて大きくなります。

事故調査報告書には、「二時二分三十二・一秒から三十二・四秒までの〇・三秒間の雑音と、三六・五秒から約八秒間続く雑音は、58便機長席のブームマイクの送信ボタンが空押しされて出たもの」とされ、この時刻に接触したものと推定されているのですが、「送信ボタン」を押したのは「全日空機機長の行った送話の間にある」から機長とされ、「機長と親しい若干名の機長ないし関係者に聞かせたところ、全日空機機長のものであると認めた」とされているだけで、声紋分析を行い科学的に証明されたものではないのです。この程度の短く、しかも緊急時の声を録音したものでは、その声の主を特定するのは非常に困難です。しかも、事故調査報告書の交信内容の分析の項には、「……交信が同一テープに記録されているため、その一部で音声がかさなりあっていること、及び音声そのものが極度に歪んでいることから、そのまま聴取することは困難であった」とありますが、関係者達はよく機長の声だと確認できたものです。素晴らしい聴力か友情の持ち主達なのでしょう！

五、機長はヘッドセットをつけていたのか？

自衛隊機側のボイスは、緊急周波数に切り替えて発信した教官であることは判明しています。そこで問題になるのが「接触時刻を判定するため」に分析された時の〝雑音〟です。

事故調査報告書には「ブームマイクの空押し」とされていますが、誰が何のために「空押ししたのか？」についての分析は曖昧です。しかも〝視認していた七秒間〟よりも長い八秒間もボタンが「空押し」されたのにマイクが全く音声を拾っていないのはなぜか？

当時のB727には、クルー用の「ブームマイク」と称する「リップ・マイクつきのヘッドセット」と、操縦席には「ハンドマイク」が装備されていたはずでした。リップ・マイクの送信ボタンは、操縦輪の裏側についていますが、ハンドマイクはそれ自体にプレス式のボタンがついています。

読売新聞は「川西機長は左にやや翼を傾け左旋回姿勢の訓練機を見つけた。『危ない』――とっさに操縦カンを握り締めた。こぶしに汗がにじむ。無意識のうちに左人さし指で交信ボタンを押した」と機長の行動を推測記事に書きました。

「無意識のうちに左人さし指で交信ボタンを押した」にもかかわらず、音声がリップ・マイクに入っていないのは、この間〝絶句〟していたことになります。ベテラン機長がそれほど緊張して肝心な時に行動できなくなるようでは、操縦者としては失格ですが、仮にハンドマイクであったら思わず「マイクを取った」だけでしゃべる意思はなかったということになります。

いずれにせよ、無意識に触っていたのだとしたら、機長のつぶやきか、副操縦士に話しかけるなど、何らかの音声をマイクが拾っていてもおかしくはないはずです。最初の〇・三秒は単なるボタンに接触しただけで、次は八秒間も押しているのです。二人のほかに航空機関士もいたのですから、コックピット内の音声など、感度は低いにしてもマイクが拾っていてもおかしくはないでしょう。

自衛隊の戦闘機パイロットが使用している酸素マスク内に装着されているマイクロフォンでは、マスクを外していない限り外の音声などを拾うのは難しいが、民間機操縦者のリップ・マイクは、指向性はあるといっても個別に隔離されてはいませんから、解析は可能だったでしょう。しかし、録音されていたのは「ブームマイクの空押しによる雑音」だけだとされています。

727型機のコックピット『ジェット・ルート J11L』から

音を拾っていないのならば、操縦者はマイク、つまりヘッドセットをつけていなかった可能性もあります。とすれば全日空機操縦者達は、この時なぜ「ヘッドセット」を着用していなかったのか？
　事故調査報告書は、「接触七秒前から訓練機の接近を見つめていたこと」、つまり法令違反をしていなかったことを強調するあまり、「操縦を継続する状態で座席に座っていた」と決め付けています。
　ということはヘッドセットも正規に装着していたのでしょう。自動操縦に任せて席を離れていたのでは、全日空側操縦者に「過失があった」ことになりかねず都合が悪いと判断したからではないでしょうか。しかし、パイロットも人間です。生理現象が生じた場合には、ヘッドセットを外してトイレに立つこともあります。それとも全日空ではつけたままでトイレに行くのでしょうか？

ところで昭和六二年四月一八日の東京新聞朝刊に、全日空機は「衝突後、十三秒間も水平飛行」したと、加藤寛一郎《かとうかんいちろう》東大工学部航空学科教授が、ＦＤＲを解析した新事実を「日本航空宇宙学会誌四月号」に公表したという記事が出ました。それによると、

《加藤教授は二年前、航空機飛行コース計算演算の例題として雫石事故を取り上げたところ、事故調査報告書と違った結果が出たため、詳細な検討を行った。この結果、加速度が変化した時を衝突の瞬間とすると、報告書よりはるか手前に墜落してしまうことが分かった。

そこで加藤教授は、一・一Ｇの変化は、衝突時に起きたものではなく、衝突から約十三秒間水平飛行をし、その後、機体の飛行に異常が起きた時のものと推定した。

調査報告書では衝突、降下し始めて十四・六秒後にパイロットが絶叫、交信が途絶したとなっている。しかし加藤教授の解析によると、十三秒間水平飛行し、降下を始めて一・六秒後に絶叫したことになり、これは降下し始めたことに対する驚きの声と解釈している》といいます。

加藤教授は航空力学はじめ、航空事故に関する論文や著書を多く出している専門家です。接触時にＢ７２７が受けた損傷は、左水平安定板の先端約二〜三分の一付近だと推定されますから、接触後十三秒間惰性で水平飛行していたことは十分考えられます。

この〝惰性〟で飛行中にクルーが何をしていたのか、それが問題です。操縦者は二人とも席

についていたのか、いなかったのか？

加藤教授は、『壊れた尾翼』（技報堂出版）に、これについて詳しく書いていますが、結論として次のように「推察」しています。


《全日空機の右水平尾翼には、補助翼逆効きと同じ現象が起こったのだと思う。即ち操縦輪を引くと、水平尾翼がねじれて逆に頭下げモーメントを発生していたのだと思う。

水平尾翼の主構造も、B747の垂直尾翼と同じで、トルクボックスになっている。このトルクボックスは左右つながっている。したがって、左水平尾翼を破壊されれば、トルクボックスの傷みや亀裂は当然右側にも伝わる。右水平尾翼のねじり剛性が低下している素地は充分すぎるくらいあった。

以下は私（注：加藤教授）の推測である。

左に86Fが見える。近づいてくる。

送信ボタン、空押し。

十四時二分三九秒「ガーン」。

ダッチロール、機首を左右に大きく振る。

警報多数点灯、油漏れ。

四七・八秒「アー、エマージェンシー、エマージェンシー、……」

両系統油圧フェイル。

尾部の破壊進行。

五二秒、機体に異常な運動。

操縦輪引く、機首が下がる。更に引く。機首はガクッと落ちる。「あーッ」

体浮き上がる。五三・六秒、操縦輪もちなおす。指が送信ボタンから離れる。

機首が上がらない。必死に操縦輪を引く。

舵が重いのは油圧フェイルのためか？　だから更に全力で引く。

降下角増大。操縦輪全力で引きつづける。

もう昇降舵はストッパにあたっている………》

そして次のような興味ある点を指摘しています。

《なぜ送信が途絶したか。——この時乗員は**ハーネスをしっかりと締めていなかったのではないかと思う**（巡航状態ではあり得ることである）。このため無重力状態に陥って体が浮き上がり、操縦輪を持ち直した。この結果、送信ボタンから指が離れた》

降下し始めたことに気づいた一人？　が、慌てて操縦輪をとろうとして送信ボタンに触ったが、座席ベルトを外しハーネスもつけていなかったから、マイナスGで体が不安定になり、操縦輪の操作はもとより、正規に送信することも出来なかった……。

送信ボタンを八秒以上も「空押し」したのは、慌てて操縦輪を支えるため座席につこうとしたか、外していたヘッドセットをつけようとしたのか、あるいは〝弁当〟を放り出して操縦輪を握ったのか、いずれにせよヘッドセット未装着だったから音声は発信されなかった……。

座席で食事中だったとしても、ヘッドセットをつけていたのでは食事の邪魔になる。通常、コックピット内で会話するかお茶を飲む場合には、ヘッドセットはそのままで、リップ・マイクだけ外側へ遠ざけて会話する。報告書にあるように、操縦者達が正規の操縦姿勢であり、ヘッドセットは装着したままだったとしたら、例え飲食中にリップ・マイク位置をずらしていたとしても、接近する訓練機を七秒間も見つめていたのであれば、すぐさまマイクを通常位置に戻すことは可能だから直ちに送信可能だったはずですが、外していたから間に合わなかった。そう考えると声が入っていなかった理由も納得できます。八秒間以上も送信ボタンを「空押し」したナゾは、単に緊張したのではなく、そんな事情によるものではなかったのか、という気がするのです。

事実、当時川西機長の遺体に接した雫石病院内科勤務の中村悦子さんは、事故後二年経った昭和四八年七月三〇日に、雫石町が発行した「全日空機遭難事故記録・・・三周忌にあたり」に、次のような一文を寄せています。

《事故の翌日夕刻、川西三郎機長の遺体に接した。ひどい姿でした。右手にしっかり握っていた**二十センチあまりのコード**が、今でも目に浮かびます。墜落の直前必死に握っていたマイクのコードだったのでしょう。そのとき私は、そのコードから川西機長が最後に発した緊急連絡と「操縦不能」の悲痛な声が聞こえるような気がして、一瞬胸を締め付けられるような思いでした。

川西機長の遺体を棺に収めるときです。いくぶん開きかけた手から、コードが「ポトリ」と床に落ちたのです。私は思わずそのコードを拾い上げ、じゅずと共に再び機長の右手に握らせてやりました。胸がジーンと熱くなって涙が出そうでした。川西機長は、白木のひつぎに納められた最後の遺体だったのです》

これで、機長が右手にヘッドセットのコードを握り締めていたこと、及び、機長の遺体は十分検視できる状態だったことが分かります。圧迫遺体ではなかったようですが、「二十センチあまりのコード」を右手に握り締めていたということは重大です。そのコードは、ヘッドセット用のコードだったのか、それともハンドマイク用のコードだったのか？　そうなると、接触七秒前から、座席に座って操縦輪を握っていた、という仮説も怪しくなります。

ヘッドセットを外した場合、コックピット内にはそれを掛けるフックがあるのですが、川西機長がコードを握り締めていたのが右手だったということは、左席、つまり機長席には副操縦士が座っていたことが考えられます。

資格上副操縦士が機長席に座って操縦していてもおかしくはないのですが、機長が握り締めていた「コード」について事故調査委員会がしっかり調査した証拠はないのです。遺体を確認した看護婦が、機長は右手にコードを握り締めたままであったこと、「ポトリ」と落ちたコードを自ら握らせたと証言しています。そして機長の遺体は解剖されることなく、そのまま「白木のひつぎに納められた」ことは〝証拠隠滅《いんめつ》〟に近く、事故の真相が解明できるはずはないでしょう。

このような状況を勘案すると、やはり加藤教授が指摘したように、どちらかが慌ててヘッドセットかベルトを装着しつつ、機首下げになろうとする姿勢を修正するため操縦輪を支えたのだが、マイナスGで不安定になり、操縦輪を握り締めつつ、「メイデー・コール」をしたのではなかったのか？　そう考えれば、「エマージェンシー、メイデー、メイデー、メーデー、アー、アネイブルコントロール……」と発信したナゾも解けます。

ところで、今まで推測を含めて考察してきたコックピット内での出来事は、ボイスレコーダー（以下ＣＶＲ）があれば難なく解決されたはずのものです。ＣＶＲは、昭和四一年二月四日に発生した、全日空機の羽田沖墜落事件を契機に、その搭載が義務付けられていました。
雫石で遭難した、全日空のB727―200型機〈JA8329〉は、製造十日後の昭和四六年三月一二日に、全日空社に納入されたもので、総飛行時間は八六五・五六時間という新造機でしたから、当然搭載されていなければならないはずですが、事故調査委員会は**「全日空機にはボイス・レコーダーは装備されていなかった」**としただけで、それを追及した形跡はないのです。

装備を義務付けた運輸省航空局も、当該全日空機がCVRを装備していたか否かに関する記録資料を提出してはいません。実に不思議な事故調査です。

須藤朔氏はその著書『ジェット・ルートJ11L』に、次のような疑問を書いています。

《(もしも過去の事故調査で)確実な保証措置がとられていたとしたら、空中接触事故の調査報告書で、全日空機に装備されていなかったとされているボイス・レコーダーは、装備されていたことになり、機長の声といわれている最後の叫び声は、副操縦士の声ということになっていたかもしれないし、機長と全日空社間で行われていた交信の記録も、参考資料として提出されていたかもしれない》

事故調査報告書には「全日空機にCVRは装備されていなかった」と簡単に述べられていて、

4、勧告の項の（三）に、【特別管制空域及びレーダ管制空域の拡大、管制情報処理システムの導入などにより、航空路、ジェット・ルートに対するポジティブコントロールの徹底を図ると共に、ATCトランスポンダの搭載の促進、接近警報装置、衝突回避装置の開発装備などをはかること】と勧告しているに過ぎず、万一当該機にCVRが装備されていなかったのであれば、CVR取り付けを促進すべし、という勧告か「取り付け義務違反」という文言があって然るべきでしょう。極めて疑問に思います。

当時、航空関係者の間では「全日空機は、当然CVRを搭載していたはずだ」と囁《ささや》かれていたのですが、その背景にはこんな事情があるというのです。

国内で多発した航空事故では、CVRが搭載されていなかったから「原因不明」になることが多かった。米国では一九六一年（昭和三六年）以降、CVR取り付けが義務付けられていたから、当時日本航空に在籍した大庭哲夫《おおばてつお》氏が、「昭和四一年に全日空の二大事故があった直後に、自分はCVRの必要性を痛感し、日航ではその装備の手配を始めた」と語っており、事実、運輸省は昭和四一年二月四日に発生した全日空機の羽田沖墜落事件を契機に、その搭載を義務付けていたのです。

そんなCVR装備推進派であった大庭氏が事故続きの全日空の立て直しのために、日航から全日空の副社長に移ったのは昭和四二年六月、事故の四年も前でした。

それから既に四年以上も経っているのに、製造十日後の昭和四六年三月一二日に全日空社が購入した新造機にＣＶＲが装備されていないはずはない、というのが当時の航空関係者の意見だったのです。では「装備されていなかった」という全日空側の〝虚偽報告〟を、運輸省は調査もせずになぜ許したのでしょうか？　ところが肝心要《かんじんかなめ》の防衛庁側もＣＶＲに関して追及して確認したという記録はないのです。実にミステリアスだったという以外にありません。

六、全日空機側の操縦勤務の実態

私が、全日空機操縦者達は、接触時に食事をしていたと主張するのは、単に「視認」についての調査報告書や、裁判官の判示に疑問を抱いたためだけではありません。

この事故が起きる直前の五月の連休に、北海道に帰省したある操縦課程の候補生が、「自動操縦装置」の便利さに感動して報告してくれたことを記憶しているからです。

彼はたまたま事故機と同じ時刻で同じ経路の58便に、千歳から羽田まで搭乗したのですが、制服を着用していたため当該機操縦者の目に留まったらしく、「何期生か？」と聞き「俺は〇期だ」と先輩であることを明かし、飛行中の操縦室を見学させてくれたというのです。

そこで彼が感心したのが「自動操縦装置」で、操縦者達が操縦輪を握ることなく、「チェス」に興じているのに、飛行機は〝かってに〟水平直線飛行をしている！　と感動して私に語ったのです。

ヘルメットを被り、酸素マスクをつけ、身体を操縦席に〝縛り付けられ〟、右手は操縦桿、左手はスロットルレバー、足はフットバーから離せない「戦闘機乗り」の〝玉子〟には、手放しで飛行できるオート・パイロットが、斬新で便利な装置として強く印象に残ったのも無理はないでしょう。ところが問題はその後の彼の〝報告〟です。

ちょうど強い日差しが進行方向のやや右側から差し込んでいたので、チェス板に反射してまぶしい。そこで操縦者の一人が、コックピット内に積まれていた週刊誌などの中から新聞紙を取って広げて窓枠にセロテープで貼り付けた、というのです。太陽光線をさえぎる臨時の「カーテン」ですが、彼は「誰も窓の外を見ていないのに飛行機は水平飛行をしていた」と感心していました。そこで私は、事故直後の七月三一日付毎日新聞夕刊記事、「飛行時間一万時間を越すベテラン査察操縦士」が記者に語った「巡航高度に達するとパイロットは緊張感から解放される……」ということ、コックピット内に週刊誌や新聞を持ち込み、その上「チェス」までしている民航機パイロットの「優雅な仕事ぶり」を知っていましたから、松島基地の同僚から現場に出動するという電話があった時、「コックピットの残骸が見つかったら、窓枠にセロテープの跡がないか確認して欲しい」と言ったことを今でも記憶しています。

「全日空機が追突した」ことを知っていた私は、窓に新聞紙を張って、見張りをしていなかったのではないか？　と勘ぐっていたからです。

当時は、民間機のトラブル続きで、直接事故に結びついたのは、インド・ニューデリー郊外の墜落事故、ソウル金浦《きんぽ》空港での暴走事故、インド・ボンベイでの誤着陸など、特に日航機の事故が続いていましたが、四七年一一月二九日未明に、ソ連のシュレメチボ空港で起きた日航機の墜落事故を、読売新聞は「〝たるみ日航〟不信の翼」「やっこらさ」「はいよ」「無駄口たたき離陸」との見出しでコックピット内のたるみを厳しくたたき、「離陸滑走中のわずか四十秒の間にも、『ちょっと遅いな』『はいよ』『なに』『先ほどは失礼』――とのんびりした会話が続く」とCVRに残された会話を再現しました。

この事故で、民間機操縦室内の規律が弛《ゆる》んでいたことが国民にバレ、日航の安全神話は地に落ちましたが、ばんだい号事故をめぐる最終報告書も何かと話題を提供するなど、飛行安全の確保は急務とされていました。そんなさなか、しかも雫石事故後においても、全日空機の操縦室内に有名男性歌手を乗せて飛んでいたことが週刊誌に写真入りで報じられたのです。雫石事故では、乗員の遺体はコックピット周辺で見つかったとされますが、周辺にはトランプが散乱していたという未確認現地情報もありました。

この事故でも自衛隊側が主張したように〝緊張から解放された〟操縦室内は「食事中だった」公算が極めて高いのですが、当時事故捜査した地元警察が、捜査の基本である運行責任者の遺体解剖を省略したのは致命的な失態でした。昭和五二年一月に、アラスカのアンカレッジ空港を離陸直後に墜落した、日本航空貨物機の操縦者を遺体解剖した結果「泥酔状態」であったことが判明し、墜落原因が確定されたように、雫石事故でも遺体解剖していれば、クルーが食事中だったことが判明していたに違いなかったでしょう。

「視認していたが回避操作をとらなかった問題」についても、事故調査委員会は、「航空機相互間の優先権」に関する規則について「所管官庁」に見解を問い合わせたところ、「予期しうる針路上を通常の飛行をしている航空機とその位置を上下、左右に大きく変化する旋回飛行をしている航空機との間の優先権の問題を想定しているものではなく、この場合、機長が衝突回避のためいかなる措置をとるかは、**エアマンシップの問題**である旨の回答があった」から、「法的検討は行わなかった」というのです。

この時の訓練機の飛行状況は急旋回するなど複雑な動きではなかったことは分かっていたはずですから、「法的検討」をすべきでした。衝突回避措置をとらなかったクルーには「エアマンシップ」が欠けていたのは明らかでしたが、事故調査委員会はなぜかその原因を追及していないのです。これは元運輸省航空局技官で航空評論家の楢林寿一氏が挙げた「①利害関係③血縁関係④こじつけ論理⑧死人に口なし⑨調査担当者の適性不良」に該当するといえます。

足立氏は『追突』に東京高裁の判決を、《自衛隊側は、視認しなかった理由として、例えば食事のために見張りがおろそかになったことが考えられると主張する。民間航空機にあっては、地上で食事をとる時間が無い場合、機上であらかじめ用意していた食事を機長と副操縦士が交代でとることもある。本件全日空機も羽田、千歳間の折り返し便で、千歳滞在時間が短かったので、飛行中に機長らが食事をした可能性のあることは認められるが、だからといって、本件接触時に揃って食事中であったと推定する根拠もないというべきである、としている。要するに、視認を仮定した場合、なぜ回避操作をしなかったのか、その理由をついに明確にはしえなかったのである》と書いています。

裁判官は「地上で食事をとる時間がない場合」と特別視していますが、では国際線はどうするのでしょうか？　国内線でも便によっては上空でとらざるを得ない場合があるのは当然でしょう。その場合、「機長と副操縦士が交代でとることもある」といいますが、一緒にとろうとるまいと、見張り等、規定事項を遵守《じゅんしゅ》していれば何ら不都合はないはずです。「接触時に揃って食事中だったと推定する根拠もない」といいますが、裁判官はなぜ根拠がないと断言できるのでしょうか？　理由もなく否定しているだけではないでしょうか？

「要するに……明確にはしえなかった」と足立氏は書きましたが、この裁判は全日空機側が不利になることを極力避けた「結果ありき」の茶番劇だったのではないでしょうか？

機上の食事問題について、足立氏は次のような事例を紹介しています。

《本件事故以前の全日空機乗員組合機関紙「つばさ」三八号に、羽田――千歳間折り返し便の千歳休憩時間が短くて、（三十五分間＝日航は五十五分間）地上で食事をとる余裕が無いから、ダイヤを組み替えて欲しいとの要望が会社側に出されている。これは、**安全運行のため、操縦中に機長らが弁当を使わなくてもすむようにしてほしい**との願いから》であり、須藤氏も著書に次のように書いています。

《全日空機が見張り義務を怠って追突したとしても、その責任はパイロットだけにあるのではなさそうだ。東京から札幌（千歳）へ、昼食をとるひまも与えられないで折り返して東京へ、というハードスケジュールも、見張り義務違反に繋がっている、と考えてもさしつかえないはずである》

そして足立氏同様、須藤氏も全日空乗員組合機関紙「つばさ」の第38号で、《同組合が昭和四七年三月一一日に会社に対して文書で「飛行中に、操縦席で食事をとることをやめられるよう、食事時間をあたえよ」という趣旨の要求を提出した》ことを挙げ、「運輸省にも事故の責任がある」と主張しています。

《事故当時、全日空の東京→札幌便の時刻表は、羽田→千歳が一時間一五分、千歳での駐機時間三五分、(日本航空は五五分間)、千歳→羽田が一時間二〇分で、往航便が定刻に千歳に到着した場合でもパイロットには休憩したり食事を取ったりする余裕がなかった。全日空の搭乗員組合からは、**「操縦中に操縦席で食事をしなくてもすむように、千歳での駐機時間を延長して欲しい」**という要望が会社あてに出されており、航空局もそれを知っていた。

ところが航空局は、全日空機のパイロットが食事中だったことが空中接触事故の重大な原因ではないかと推理すると、そのような危険な運行スケジュールを認可していた責任を問われることを懸念してか、事故後もすぐには時刻表のパターンを改正させず、ほとぼりのさめたころ、昭和四八年四月になって、往航一時間二五分。千歳での駐機五〇分間と、従前のパターンより計二五分間の余裕を持たせた。このやり方は責任のがれ以外の何ものでもないと言わざるを得ない》

須藤氏が指摘するように、この事故直後の状況では、組合の要求を認めることは出来なかったでしょう。そこで食事時間がとれるように事故後の昭和四八年四月になって改正したとすれば、いかにも姑息《こそく》で意図的なものを感じます。

これらを総合的に分析すると、機長達が「事故当時操縦席で食事中だった可能性」は否定できなくなってきます。それを知っていたからこそ、事故調査委員会も、監督責任がある関係官庁も、全日空側を支持するメディアも、一致団結して隠したのではないでしょうか。案外、C

VRに不利な証拠が記録されていたからこれも隠したのかもしれませんが……。

以前から、ハードスケジュールを問題視していた乗員組合は、接触事故を知った時、「それ見たことか」と思ったに違いありません。しかし、すぐには改正できない。国民の関心が薄れたころを狙って「改正」したのでしょう。これも根拠があるものではなく私の推定ですが、なんとなく今回の「高速バス衝突事故」につながるものを彷彿《ほうふつ》とします……。

しかし、当時のコックピットの雰囲気については、毎日新聞で「ベテラン査察操縦士」が、自動操縦設定後、ホッとすると正直に語っています。コックピットを見学した候補生が、乗員が「チェス」をして寛《くつろ》いでいたことを目撃していますが、チェスは二人でやるもので、候補生は両操縦士が対戦していたと言っていました。食事だって交代でとるほど規律厳正だったかどうか、勿論これも私の推論であり根拠はありませんが、どうも疑わしく思います。足立氏は続けます。

《そこで一つの想定だが、午後一時五〇分、自動操縦装置に切り替えたのち、左前方の市川機を比較的見やすい位置の左席の機長が弁当を開き、右席の副操縦士が一人でも見張り中だったとは考えられないだろうか。接触時刻は、自動操縦を始めてから一二分たった午後二時二分すぎだからだ。

無論、これの確証はない。遺体収容直後に、機長、副操縦士の司法解剖がされておれば、胃内容物から容易に鑑別できた筈である。いかに多数の遺体収容に忙殺されていたとはいえ、これをしなかったのは、岩手県警の大きな捜査ミスといっていいだろう》

考えてみれば分かると思いますが、羽田——千歳間を三往復していたクルーは、午後二時前になってようやく「昼食」にありつけたのです。《揃って食事しない》方がおかしいのではないでしょうか？

接触時に、機長が左席についていたのか、そうでなかったかも不明ですが、それはともかく、仮に副操縦士が見張り中だったならばどうだったでしょう？

川西機長の遺体は、右手にマイクコードを握り締めていました。コックピットの状況から、マイクコードを右手に握ったというのは、右座席に座っていたか、または着席しようとして右座席に歩み寄り、ヘッドセットを掴んだからではなかったでしょうか？

副操縦士は、座席に着座したままの姿で収容されています。その座席を調査していればそれが右座席だったか左座席だったかは容易に判定できたはずであり、もしも機長席に辻副操縦士が座って操縦していたとしたら、川西機長が右手にヘッドセットのコードを握り締めていたことのなぞも解けるし、回収された計器の機長側（左席）のＲＭＩのＮｏ１がＶＯＲ（仙台）を、Ｎｏ２がＡＤＦ（松島）を、超短波航行用受信機の選択周波数のＮｏ１が仙台ＶＯＲを、Ｎｏ２が松島タカンを選択していたなぞも解けます。しかしながら事故調査委員会はそれもしていないのです。

これは、勘ぐればあくまでも「血族関係」にある調査委員会が、「全日空機側の川西機長は機長席に座って見張りをしていたのだ」という、過失を避けるための「こじつけ論理」と「死人に口なし」論を展開したからではなかったのでしょうか？　現実に事故は起きているのですから、事故調査委員会は、なぜ二人とも揃って見張りをしていなかったのか？　という理由を調査すべきでした。

いずれにせよ、事故調査委員や裁判官達、一部のメディアが彼らをかばい続けているのは、関係者の自己保身を優先させるのが目的で、事故の再発防止のための努力とは無関係だと思われます。犠牲になった乗客達は浮かばれまいと私は思います。

それにしても、緊張感を欠いていた二人は、乗客の命を預かる操縦士としては失格ですが、彼らに「蟹工船」並みの行動を強いていた会社側の責任の方が許されるものではないでしょう。彼らの名誉を守るためにも司法解剖はするべきだったと思います。

そうすれば、全日空乗員組合が、会社側に要望していたように、乗員達に対する「営利第一主義」の要求が運行スケジュールを窮屈なものにし、その上「乗員達の人権」を無視していたことが浮き彫りになり、監督官庁も、高速バス事故のバス会社「陸援隊」のように実態調査に乗り出さざるを得なくなっていたでしょうから、その後の日航機大事故なども回避でき、犠牲者を出さずに済んだろうに、と悔やまれるのです。

とまれ、司法解剖をしなかった検察側の大失策が、裁判でなぜ「被告人の有利」に作用しなかったのか私は疑問に思っています。これが一般刑事事件であれば、初動における捜査ミスが被告側に有利に作用したことは疑いありません。ＤＮＡ鑑定ミス事例のように。

自衛隊員といえども「基本的人権」は認められている、と立川裁判長は言いました。ではなぜ自衛隊員が関与した「事故・事件」では、かくも奇妙奇天烈な論理をこじつけてまで、被告人側の不利にされ「自衛隊の〝犯罪〟」に仕立てられるのでしょうか？

第6章

58便の飛行コースの検証

一、飛行計画書

千歳を出発するに当たって、川西機長が運輸省千歳空港事務所に提出した飛行計画書には、一時一五分千歳離陸（予定）↓J10L↓函館NDB↓J11L↓松島NDB↓J30L↓大子NDB↓J25L↓佐倉NDB↓木更津NDB↓二時三五分羽田着陸（予定）という経路が記入されていました。

出発が大幅に遅れた58便は、午後一時三三分に千歳を離陸し、函館NDBを一時四六分に二二〇〇〇フィートで通過し、松島NDB通過予定時刻は二時一一分と札幌管制所に通報、一時五〇分に所定の高度二八〇〇〇フィートに到達したと札幌管制所に通報し、以後は自動操縦に切り替えて南進します。そして回収された計器類から、彼らが選んだ進路は計画書に記入したJ11Lではなく、函館から仙台VORに直行した公算が大きいと私は書きました。

それは離陸時刻が遅れたこと、天候には問題なかったこと、誤差が多く不安定なNDBよりも、安定して距離まで分かる使い勝手がいい仙台VORを選定して、自動操縦装置に切り替え、遅れていた食事タイムに入ってのではないか？　と推測したからです。

空自が分析したBADGEの航跡図は、肝心の接触地点に至る直前にカメラの故障で記録が取れていませんでしたが、故障するまでの間の航跡は、明らかに仙台VORへ向かっていたことを示していますから58便はJ11Lを逸脱して、自衛隊側の臨時訓練空域内に侵入した疑いがあります。

58便の辻副操縦士は事故当日の午前中にも50便で同じコースを飛行し、前方上空を飛行する86Fを発見して「ドキッ」としています。この時も同じコースでしたから、羽田――千歳間を飛び慣れていたクルーは、松島NDBを無視して仙台VORへの直行経路を常用していたのではは？と書きました。

我々も、クロスカントリー（航法訓練）で同様なコースを飛ぶ場合には、フライトログ（飛行計画書に記入する前に、実際飛行するコースの地点符号、方位、ルート名、距離、地上速度、所要時間、予定通過時刻、燃料などを区間ごとに記入して、飛行高度の風向と風速から計算した数値を記入した表）を残しておき、その日のNOTAM、風向風速などから、修正すべきもの以外はログの諸元《しょげん》を常用していたものです。例えば、新田原《にゅうたばる》基地から入間《いるま》基地まで飛行する場合、清水→串本→大島→PONY→入間と、地点とその諸元は既に記入済みで手間が省けるからです。

多分、千歳――羽田間の定期便操縦者である川西機長らは飛行のたびにいちいち計算して、細かい数値をはじき出すことなく、飛行計画書に記入する基になる使い慣れたログを準備し、簡単なデータの修正だけで飛行諸元を出し、それを飛行計画書に記入して提出していたものと思われます。調査委員会は千歳事務所に提出された飛行計画書ではなく、彼らのフライトログを押収し確認すべきでした。きっとログには、この日50便で飛行したコースも58便で飛行したコースも仙台VORを選定していた記録が残っていたに違いありません。万一彼らが届け出ていたJ11Lというコースではなく、仙台VORに向けて飛行していたことが分かれば明らかに航空法違反ですし、これを見逃していた運輸省にも責任が及びます。事故調査委員会はなぜコース逸脱を想定した調査をしなかったのでしょうか?

当時は、航空路はレーダーでカバーされていませんでしたから、地上管制官は操縦者からの「通過時刻」「予定通過時刻」「飛行高度」などをそのまま信用せざるを得ず、どこを飛んでいるかはパイロット以外、分からなかったのです。だから、事故調査では申告どおりにJ11Lを飛行していたという〝前提〟にこだわったのか、あるいはこだわらざるを得なかったのではないでしょうか?

しかし、航空関係者であれば、科学的裏づけがあるBADGEの航跡図からも、58便が函館通過後、正しくアウトバウンド・トラッキングをした形跡がないのを見れば、彼らがJ11Lを逸脱して飛行中だったと推定できるはずです。ところが事故調査委員会は、科学的根拠よりも〝申告どおり〟飛行しているであろうという「性善説」を取って、科学的警戒システムであるBADGEの航跡図を否定しました。

当時の飛行方式には、ＶＦＲ（有視界飛行方式）というパイロットの責任で飛行する方式と、ＩＦＲ（計器飛行方式）という、飛行コースを申請し承認されたコースと高度を計器に従って逸脱しないように飛行する方式があり58便もそれに適合しますが、そのほかに、「ＶＭＣオントップ」という飛行方式も許されていました。通常「雲上有視界飛行」といっていましたが、使用飛行場が計器飛行状態（ＩＭＣ）である場合、計器飛行方式による出発を予定して申請し航路などの指定を受け、離陸して雲上に出て、「ＶＭＣ（有視界飛行状態）」が確保できると判断される場合には、地上管制官に「ＶＭＣオントップ」と報告してＩＦＲをキャンセルしＶＦＲで飛行するもので、この時点で管制官の仕事は軽減されます。我々もよく使用していたものですが、その条件は雲の頂上（トップ）から一〇〇〇フィート（約三〇〇メートル）以上離れて飛行することが出来ること、及びＶＦＲ同様高度をＩＦＲの高度と五〇〇フィート差をつけることでした。その基準を守れば、管制指示を受けなくとも自由に飛行できるから、民間機パイロットも重宝していたのです。しかしこれは雫石事故の後、ニアミスの可能性があると運輸省が禁止しました。ところが、昭和四七年一二月四日付の読売新聞は、「まだやってる雲上有視界飛行」と題して、大型旅客機までもが**管制官の承認を得て**飛行していたと報じました。

《運輸省航空局幹部は「ありえないと信ずる」と否定しているが、現場管制担当者もはっきり指摘、航空会社でも、気象レーダーを持たない飛行機などが雷雲を避けるために飛んでいたことを認めている。その背景には、依然、運行優先にはしる航空会社の営利本位の姿勢と、事故直後だけ一片の通達を出せばこと足りるとして、一年以上も肝心の管制規則や、運行規定を改正しない運輸行政の怠慢があり、これが、相次ぐ空の大惨事を生むもとだという批判が、航空局の内部からも出されている》とリードにあります。まさに航空行政の実態を暴くスクープだったといって良いでしょう。

このように、事故後一年経ってもまだ民間航空業界は運輸省の指示に従っていなかったのですから、58便が飛行計画書どおりにJ11L上を飛行していたかどうかかなり疑わしいものです。VMCオントップが事故後も平然と行われていたのは、彼らが普段からIFRを軽視していた〝癖〟がつい出たのではないか？　そしてそれにはなるべく直近経路を飛行して、燃料代を節約しようという会社の営利優先主義が大きく作用していたからだと思われます。

運輸省航空局幹部は「ありえないと信ずる」と否定していますが、飛行安全を保つ責任がある役所が、状況を確認しないで放置していた無責任さにはあきれます。むしろそんな民間航空会社の無法ぶりを許さなかった〝正義漢〟が同じ役所内にいたことの方が頼もしいといえるでしょう。

二、根拠が崩れた「接触地点の逆算」方式

接触地点に関しても、多くの目撃者がそれぞれ目撃した地点をプロットするとJ11Lのかなり西側に集約されます。しかし、どうしたわけか機体の破片などの落下地点や散布状況と、これらの目撃情報を取り入れた接触地点の特定についても、事故調査委員会は十分検討していません。

接触地点について、第一審では「全日空機は函館NDBから松島NDBに向かうジェットルートJ11Lを、その管制上の保護空域内西側において南下進行し、接触地点については、雫石町上空の右に記載した範囲内であることを認定するにとどめるのが相当である」としました。

第二審でも、接触地点は長山長円内と認め、最高裁は「ジェットルートJ11Lの五マイル内で、ほぼ長円内ないしこれに近い地域内の上空八五〇〇メートルであると推定できる」としました。

一方、民事第一審では「長山長円の中心点から西に約二キロ、北に約三キロの西根付近の上空でジェットルートJ11Lからは西へ六キロの地点であると認めるのが相当」とし、民事第二審では、「長山長円の中心から真方位約三三〇度、距離約一・九キロの地点である駒木野地区矢筈橋西詰めから更に北西（真方位三一五度）へ一・五キロの西根八丁野地区北側の地点（北緯

三九度四四・五分、東経一四〇度五七・一分）を中心とする半径一キロの円内上空である。その西の限界はジェットルートJ11Lから約六・七キロの地点と認めるのが相当である。右地点は、ジェットルートJ11Lの保護空域の範囲内であり、かつ、松島派遣隊の定めた飛行制限空域内にあることが明らかである」としています。

接触地点がこのようにバラバラなのは、検察側の証明が不十分、つまり政府事故調査委員会の調査が不十分だったことを意味します。

須藤・阪本両氏の著書『恐怖の空中接触事故』には、五年半にわたる精密な分析が紹介され、目撃者の証言も詳しく取り上げられていますから引用することにします。

《この空中接触事故の発生位置を推定する方法は、サーボ機器の落下地点からの逆算とフライト・データ・レコーダーの解析から推定航跡図を作成するという二つの方法しかなかったわけではない。

むしろ、この二つの方法は、全く信用できない愚劣な方法と評してよいもので、他に数種類のより適切な方法手段があったのだが、この事故の調査を担当した委員達や委員を補佐した運輸省航空局の職員達は、なぜかそれを実施していない。気がつかなかったのだとしたらお粗末すぎると言わざるを得ない。

当然検討すべきものであったと考えられる方法には次のようなものがある》として、
●目撃者の証言
●墜落中の全日空機を撮影した写真の解析
●パラシュートで降下した市川二曹の降下軌跡からの推定
●残骸の散布状況と風向・風速からの推定
●全日空機残骸の航法機器の指示状態からの軌跡の推定
●防空用レーダー・システム（バッジ）で、一分間隔に撮影している写真のカラー・データ・フィルムの検討
●フライト・データ・レコーダーの解析値と推定風向・風速による全日空機の偏流修正量の検討
●接触の約四五秒後における教官機のタカンによる報告位置からの推定
を挙げています。

この項目は事故調査上取り立てて特別なものではなく「常識的」な項目でしたが、事故調査委員会はなぜかその多くを無視しているのです。例えば前述したBADGEデータです。

須藤氏は、海軍兵学校第六十六期出身の元パイロットであり、乗りこなした機種も艦攻、陸攻、偵察など多方面にわたっていて、太平洋方面の各戦場を飛びまわった元海軍少佐、歴戦の

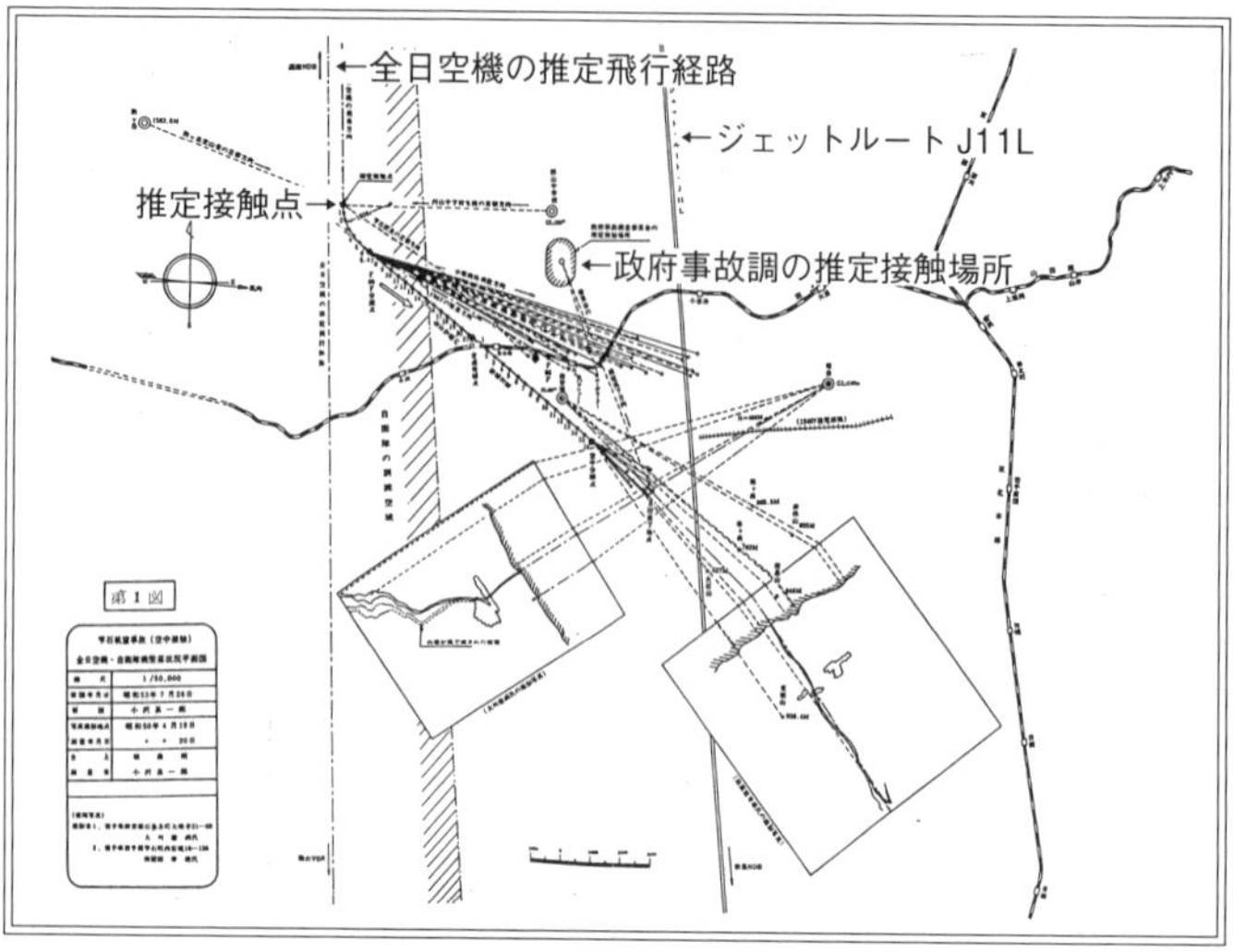

『検証・雫石航空事故』小澤甚一郎著から

勇士です。

　接触地点の解析に当たった小澤甚一郎《おざわじんいちろう》氏も、阪本太朗氏と同じく第十三期海軍飛行予備学生出身の元海軍中尉で、零戦や水上戦闘機など数機種を乗りこなしたベテラン、特に二式水上戦闘機で格闘戦訓練中に機体の尾翼昇降舵索が切れて操縦不能になって墜落、失神したが幸運にも意識を回復して落下傘降下し、九死に一生を体験した方で、私も三沢時代から親しくお付き合いいただいている方です。小澤氏は早くからこの問題を検証していて、昭和六三年二月に『検証・雫石航空事故：自衛隊戦闘機の背後から全日空旅客機が追突――これが真相』とするブックレットを自費出版していますが、接触地点割り出しのための詳細な分析には感心するばかりです。

このような大ベテラン達の、利害にとらわれない分析は、失礼ながら何らかの「策謀」に支配されたかのような事故調査委員会委員などの分析とは、信憑《しんぴょう》性において月とすっぽん程の違いがあることは、航空事故調査専門部隊である「航空安全管理隊司令」を勤めた体験がある私の目から見ても明らかです。

例えば、事故調査委員会は、推定接触位置を、

①垂直尾翼内にあった上部方向舵操作用のサーボ機器〈油圧ポンプ装置〉は、**接触時に離脱したとする想定のもと**に、その落下軌跡を計算して、落下地点からの逆算によって接触地点を推定する。

②フライト・データ・レコーダーの解析から推定航跡図を作成して接触地点を推定する。

という二つの方法しか実施していないのですが、驚いたことに、①のサーボ機器の落下軌跡を計算した荒木浩教授は、盛岡裁判所で最初は「初期条件が非常にはっきりしており、これが落ちた時にどちらかの方向にどれだけの速度で落ちたかということは明確である」と証言したにもかかわらず、弁護団からその根拠について問われると、「根拠は特にない。空中分解の時期（接触の約25秒後）かもしれないが、それより前の可能性がある。**いつ離れたかは分からない**」と証言を翻《ひるがえ》したのです。

つまり、サーボ機器の落下軌跡を計算するに当たって、一番大事なサーボ機器がいつ機体から離脱したかは「不明」だというのです。

サーボ機器の落下状況から、接触位置を推定しようというのであれば、「サーボ機器が機体から離れた時期」「離れた瞬間の高度、方向、速度（初速）」が明確でなければならないはずです。しかし、それらは「不明」だと言うのですから、荒木教授はどんなデータを使って結果を出したのでしょうか？

実にミステリアスで、航空工学の初歩的学力しかない私でさえ開いた口がふさがりません。これが分からなければ、軌跡の計算自体が根拠を失うのですから、事故調査委員会は「接触位置の証拠」に採用できないはずです。

事故調査委員会が採用した②のフライト・データ・レコーダーにしても、解析に当たった日本航空の運行技術部員の喜多規之《きたのりゆき》氏は「垂直加速度記録については、打刻が通常よりも弱くなっていた上に、打刻ムラがあった」と証言しました。防衛庁技術研究本部第三研究所長であった海法泰治氏も、「打刻ムラがあった。打刻の形状と大きさが異常であった。細かい運動や数値は分からない」という鑑定書を提出しています。にもかかわらず事故調査委員会は報告書に「フライト・データ・レコーダーの記録状態は良好であった」としていたのですから、落下に関する垂直加速度のデータも信用できないというべきで、事故調査委員会が接触地点を確定するため行った①、②の調査は根拠薄弱で信用できないという結論になるでしょう。

事故調査委員達の、このような専門家らしくないあまりにも子供じみたやり方は、勘ぐれば58便が「J11Lを逸脱して自衛隊の訓練空域内に侵入していたこと」を隠蔽するための苦肉の策だったといわれても仕方ないでしょう。何とかして接触地点をずらそうとする専門家達の涙ぐましい努力が、ことごとく常識外れの結果を招いたのは気の毒の一語に尽きますが、これらの失態が何に起因するのか、その方が余程重大問題ではないでしょうか。

さらに不思議に思うのは、このような根本的な疑問点に関する弁護側の質問も〝穏便《おんびん》〟だったことです。小澤氏は、ブックレットに《防衛庁側（厳密には法務省）は、昭和六十三年一月十四日の東京高裁の民事裁判において、その反対尋問を行い、私もその公判を傍聴してきたが、防衛庁側検事の尋問は、ただ単に「他のフライト・データ・レコーダー解析との比較はしなかったのですね」と尋問しただけにおわり、全日空側証人をして、「政府事故調査委員会のフライト・データ・レコーダー解析は最も権威のあるものである」と、言わしめるに至り、私は全く切歯扼腕の思いをしたのであった》と書いています。

また、前述したように、「調査報告書では衝突、降下し始めて十四・六秒後にパイロットが絶叫、交信が途絶したとなっている」が、加藤寛一郎教授は接触後「十三秒間水平飛行し、降下を始めて一・六秒後に絶叫したことになり、これは降下し始めたことに対する驚きの声」だと解釈しています。
　こうなると、放出されたサーボ機器で落下経路を分析し、逆算して接触地点を割り出したとする荒木教授の分析結果は、ますますナンセンスなものになります。つまり、接触時点で垂直尾翼が破壊され、サーボ機器が機体から外れて落下したとは考えられず、計算の「仮説」は成立しない可能性があるから、事故調査委員会が示した「接触地点」は全く無意味なものになるからです。全日空側証人は、どこが「最も権威のある」解析だというのでしょうか？

三、目撃者の証言

　須藤氏ら旧海軍のベテランパイロット達は、まず目撃証言を収集し、詳細な分析チャートを作成しています。須藤氏の著書『恐怖の空中接触事故』の中の「目撃者の証言」の項は非常に重要です。

《この事故の場合には多数の目撃者があったが、その大部分は接触の二五秒〜三〇秒後に高度二万二〇〇〇フィート（約六七〇〇メートル）で、全日空機が音速の壁にぶちあたって空中分解したときの衝撃音を聞いてから空を見上げているから、空中分解地点の真下にいた目撃者でも分解した破片や白煙のようなものを見たのは、接触の約四五秒以降であって、一分くらいたってから見ている者も多い。調査報告書添付のフライト・データ・レコーダー記録によると、全日空機の空中分解したときの速度はマッハ約〇・九三になっているが、実際にはマッハ一・〇になっていて、音の壁に突き当たって分解した可能性のほうが大きいと考えられる。

しかし、幸いなことに、この事故の場合には接触の瞬間を目撃したものが数名いた。氏名がわかっているのは、目撃状況図の①地点からの橋本裕臣、田口美由喜、大和田克紀、小玉均の四氏、⑥地点からの中川幸夫氏の計五名であり、橋本、中川両氏の証言の要旨は、目撃状況図説明文中に記載しておいた》

この目撃状況図は岩手県警の捜査資料の目撃図を基にして、須藤氏たちが詳細に測量、分析して修正し、さらに須藤氏ら有志が自ら調査したものを付け加えたものです。

ところがこの事故調査の基本ともいうべき目撃者からの聞き取り調査と証言を、事故調査委員会は全て無視し、検討さえしなかったのです。勿論主要目撃地点の実地調査さえしていません。山県委員長は盛岡の裁判で、「目撃者についての資料は配られたが、別に議論もしなかった。最初から**目撃者の証言と言うものは、非常に信憑性が薄い**という前提が各委員の頭の中にあった」と驚くべき証言をしています。

例えば⑥地点からの目撃者・中川幸夫氏の証言は「西山中学校校庭の野球グラウンドの一塁ベース付近でたまたま上空を見上げた時、講堂の三角屋根のすぐ上空に大型機を発見、つづいてその少し西側前方に見えたキラキラ光った小さな機影と大型機とが接触し、大型機が白い煙のようなものをふくのを見た」とかなり詳細ですが、須藤氏は「一塁ベースが固定のものであったことと、講堂の屋根という固定の補助目標があったことから、かなり精度の高い方位と仰角（約五〇度）が得られ、判明している飛行高度とあいまって接触の概略位置を知るのに役立った」とし、「なお、中川君はこの証言について、**全日空の調査団から、面と向かって『ウソを言っている』となじられ、憤慨した**ことがあるという」と書いています。証言者が年少だったからとはいえ、その異常な態度は〝脅迫による口封じ〟としか考えられません。

「落下方向を明示する二組の写真」という項目にある目撃者が撮った貴重な落下写真も、大半が報道関係者の手に渡ってニュース写真として掲載されましたが、事故調査委員会は、それもまた無視しています。

ここでも須藤氏らは「大川徳光氏（石鳥谷農協職員）が盛岡市の猪去部落から撮ったもの四枚と、田屋館寿雄氏（当時、高校生）が雫石町安庭の自宅から撮影したもの三枚は、全日空機の墜落方向を判定する決定的な役割を果たした」と書いています。

田屋館氏の自宅・安庭は【目撃状況図】の地点⑰ですが、事故後十七年経った昭和六三年五月一一日に、西安庭の山林から、全日空機の残骸が多数発見され、通報を受けた航空自衛隊松島基地の隊員が出動して調査しています。残骸は窓枠がついた胴体外板、座席の一部、パイプなどが約三〇〇メートルに渡って山林の斜面に散乱していたのですが、これも事故調査がいかに手抜きだったかを示す証拠だともいえるでしょう。

さらにパラシュートで降下中の市川二曹を写した写真もあり、須藤氏らが、考慮すべきあらゆる状況証拠を総合的に計算して接触地点を割り出した結果は、事故調査委員会が推定した接触地点よりも、約七キロメートル西北西にずれ、「その推定位置の中心は北緯三九度四四・一分、東経一四〇度五二・七分になる」訓練空域内であるとされていますが、これは防衛庁側がBADGE航跡を元に当初から提出していた海法鑑定書の接

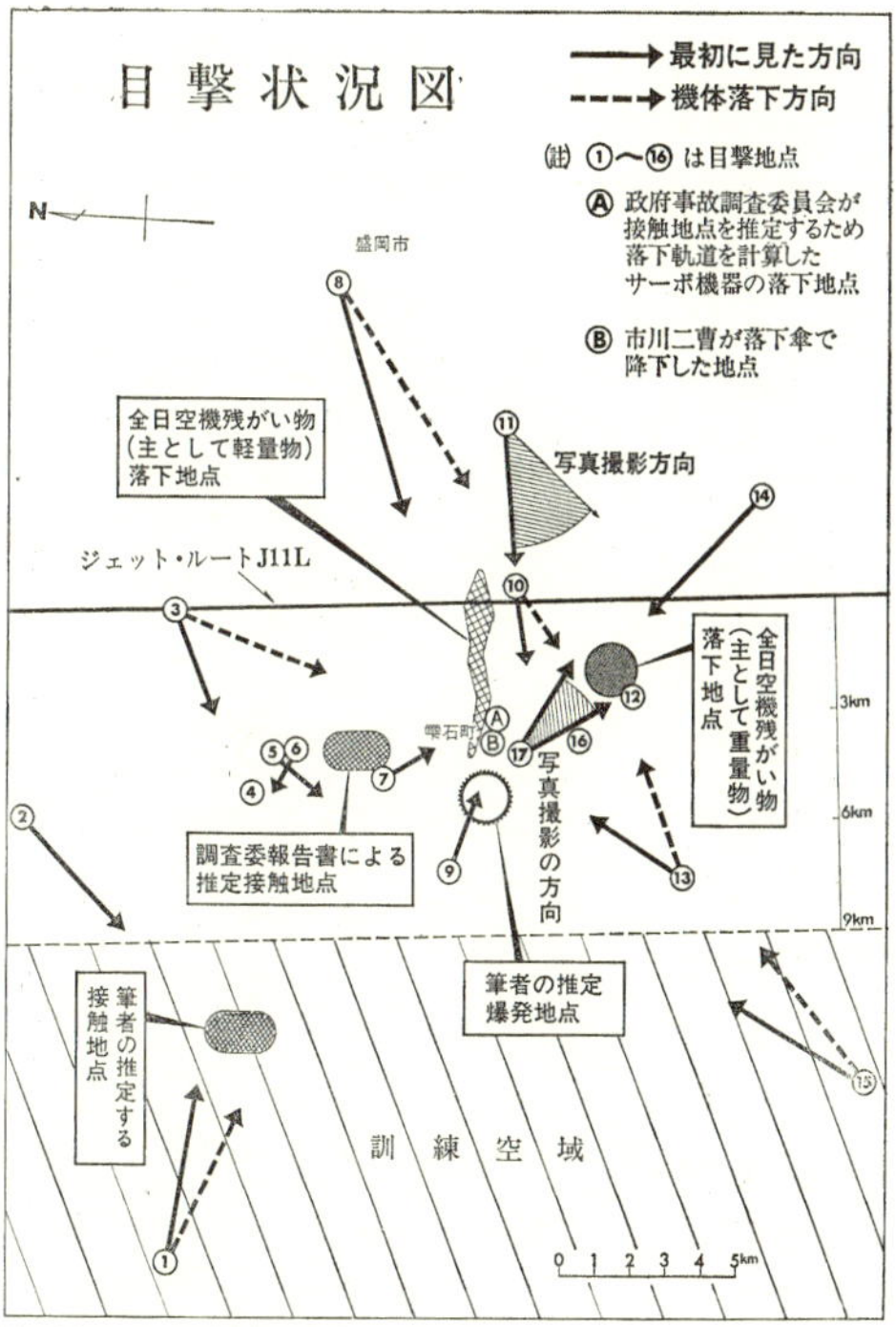

『恐怖の空中接触事故』から

田屋館寿雄氏撮影

大川徳満氏撮影

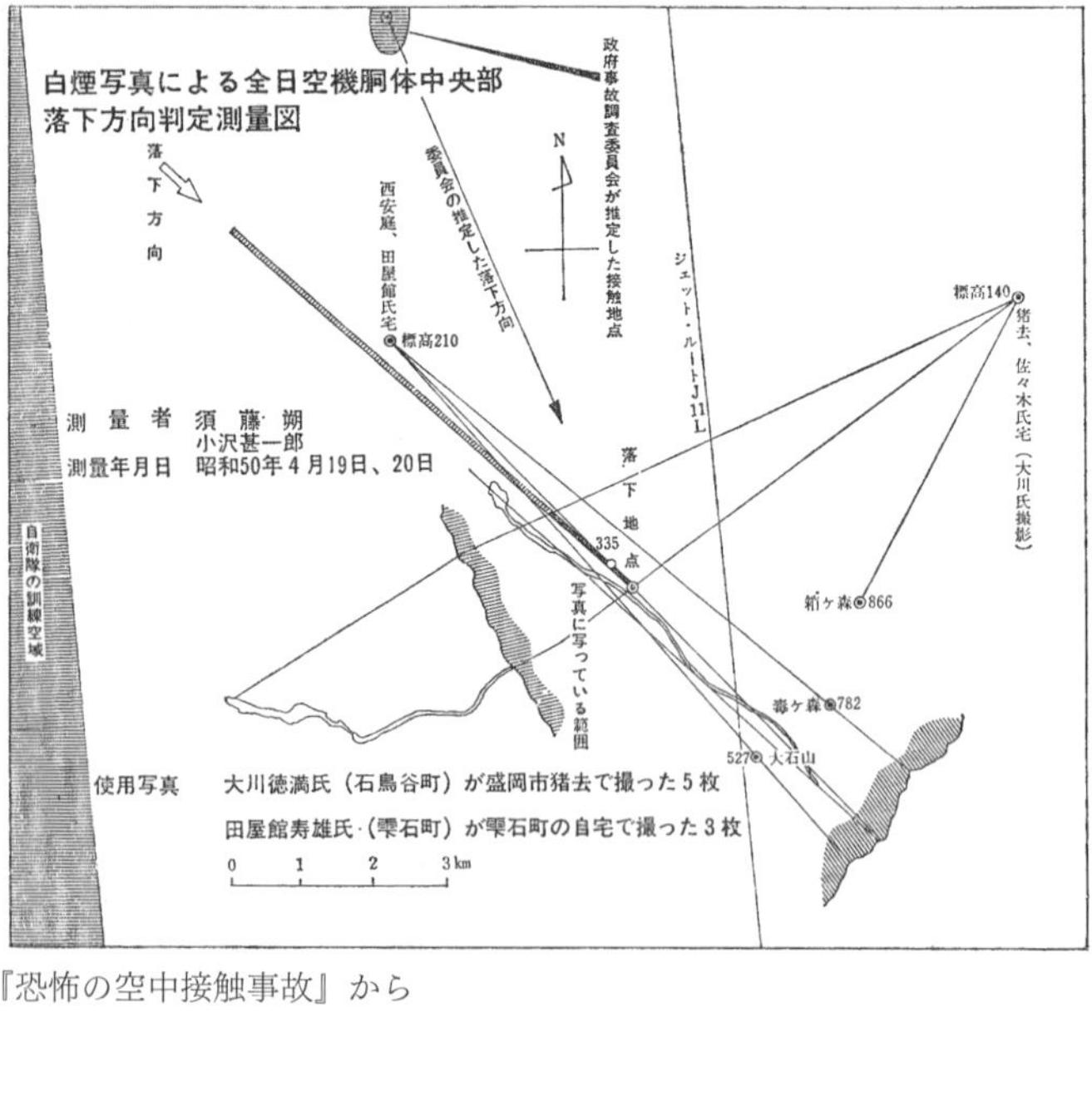

『恐怖の空中接触事故』から

触位置に極めて近いのです。

政府事故調査委員会という、国費を使った公的調査機関が「なし得なかった」詳細な分析を、旧海軍の実体験者であった個人グループが、まさに手弁当で見事に成し遂げているのだから、皮肉というよりも国は税金をどぶに捨てたようなもの、何をかいわんやです。

四、全日空側が提出してきた「8ミリフィルム」の怪

接触地点に関して、法廷では目撃者の証言も取り上げましたが、接触地点はあくまで保護空域内、つまり自衛隊機が訓練空域を逸脱して、ジェット・ルートに侵入したと認定され、全日空機がルートを逸脱したとする弁護側の意見は取り上げられませんでした。

ところが東京高裁での民事裁判が接触地点をめぐって暗礁に乗り上げていた昭和五六年一〇月二〇日に、全日空側は、突如、墜落した58便の乗客の一人が接触時まで撮影していたという8ミリフィルムを法廷に提出したのです。

これについては、昭和六〇年二月一八日に、朝日新聞が「深層・真相」欄で、「全日空機のコース論争再燃」『雫石事故』に新証拠—乗客撮影8ミリ」「防戦から攻勢へ防衛庁」「民事の過失責任からむ」のと見出しで詳しく報じました。次のようなリードで始まる〝奇妙な〟記事を全文引用しておくので、熟読玩味《じゅくどくがんみ》していただきたいと思います。

深層《しんそう》真相

全日空機のコース論争再燃

「これこそ決め手の新証拠だ」と意気込む防衛庁側。「いや、あてにならない代物」と「防戦」の全日空側。昭和四十六年七月、全日空のジェット旅客機と航空自衛隊の訓練機が、岩手県・雫石町の上空約八千五百㍍で衝突し、旅客機の乗客、乗員百六十二人全員が死亡、当時、世界最大の惨事となった「雫石事故」の裁判で、いま、犠牲者の乗客の一人が機外を連続的に撮影していた一本の8㍉フィルムをめぐり熱い論争が続いている。全日空側が国に約四十三億円の損害賠償を求めた民事訴訟の控訴審（東京高裁民事十部）の法廷に全日空側から提出され、双方が映像を分析した鑑定書を提出。決着したかにみえた「コース逸脱は、自衛隊機か、全日空機か」の論争が、改めて起きている。（増田 誠記者）

この事故をめぐる大きな争点の一つが、全日空機の航跡と衝突地点。政府の事故調査委員会（山県昌夫委員長）は四十七年、全日空機は民間機が計器飛行の時に通るジェットルートJ11Lを管制に従って飛行していた、と判断。衝突地点は、岩手山の南南西で、同ルートの西約四㌔の地点を中心として東西一㌔、南北一・五㌔の長円の中だったとした（A図下部の①）。J11Lから東西五カイリ（約九㌔）内は、航空自衛隊が編隊飛行の訓練を避けるよう決めており、その制限空域内で起きたと認定したわけだ。

自衛隊側の事故機を指導していた教官は、「制限空域内へ入り、周囲の見張りを怠った」として刑事裁判で有罪が確定しているが、刑事裁判での検察側、民事裁判での全日空側の主張は、この調査結果をベースにしている。

一方、防衛庁側は、元国庁第三研究所長の海法泰治氏の鑑定をよりどころに、全日空機はJ11Lを西にはずれたコースをとり、衝突地点も、J11Lから約十二㌔離れた「制限空域外」だったと主張したが、民事、刑事を合わせ、過去四回の判決では、すべてこの主張は退けられた。

「雫石事故」に新証拠—乗客撮影8㍉

防戦から攻勢へ防衛庁

民事の過失責任からむ

民事訴訟の控訴審で焦点となっているフィルムは、全日空機の右主翼付近から乗客が撮影したもので、カラーで約三十分間。千歳空港の様子から始まり、函館市郊外、青森市の近く、十和田湖などが写っている。全日空側によると、事故直後に入手、政府の事故調査委員会に提出したが、詳しい検討の対象とはならなかった。

しかし、民事訴訟の一審、五十三年の東京地裁の判決が「全日空の機長も、自衛隊機の教官らと同様に見張りを怠った過失がある」などとして、全日空側にも十分の四の過失がある、と認定したため、「過失の割合が予想以上。さらに、防衛庁がこだわるコース論争に決着をつけたい」と、全日空側は控訴審で法廷に持ち出した。

全日空側は、フィルムに写っている風景から航跡を割り出そうと、航空測量会社の最大手、国際航業に分析を依頼。函館から青森近くまでのコースを推定した（A図参照）鑑定書を提出した。この結果によると、全日空機のコースはJ11Lより東側となり、政府の調査委のコースとも違った。青森以南は、画面のほとんどは雲しか写っておらず解析は不能だったという。

一方、防衛庁側も、独自に業界二位のアジア航測に分析を依頼。その結果を、今年一月の第二十三回口頭弁論までに二回に分けて鑑定書として出した。それによると、航跡はJ11Lの西側とされ、全日空の分析とは大きく食い違っている（A図参照）。衝突地点近くまで分析できたのは、「雲の切れ間から二カ所で田沢湖が見えた」としたため。しかも、この航跡は、同庁が海法鑑定に基づいて主張した「J11Lの西十二㌔に沿ったコース」とほぼ一致している。

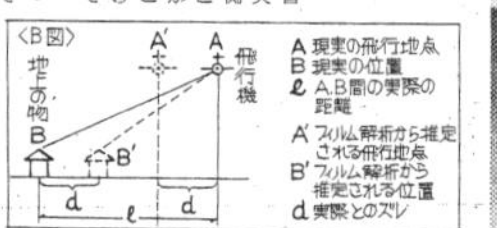

こうした動きに対し全日空側は、一転してこのフィルムの証拠価値に懐疑的な態度を打ち出し、昨年、「高高度の上空から8㍉で撮影した場合、画面上の物体は、実際の位置より飛行機に近づいて写ることが判明した」とする、新たな鑑定書（B図参照）を提出、攻守ところを変えた形となった。

全日空側は「8㍉撮影の場合、実際の位置と画面上の見かけの位置のズレの程度や、ズレが起きる原因については不明」としつつ、「この不思議な現象を防衛庁側が否定する根拠を示すなり、突破しない限り、いくら詳細な鑑定に基づく航跡推定をしても無意味。それに田沢湖が写っているか疑問。結局、8㍉フィルムを利用して正しい航跡を求めるのは無理」と主張している。

	衝突位置	判決の要点
盛岡地裁（50年3月）	断定を避ける（制限空域内）	教官禁固4年 訓練生〃2年8月
仙台高裁（53年5月）	調査委の判断地域通り（ジェットルートより西4㌔を中心とする長円。制限空域内）	教官禁固4年（控訴棄却） 訓練生無罪（確定）
東京地裁（53年9月・民事）	ジェットルートより西6㌔。（制限空域内）	過失割合は自衛隊6、全日空4
最高裁（58年9月）	調査委の判断地域かその近く（制限空域内）	教官禁固3年執行猶予3年（破棄自判） 上司らの怠慢を鋭く指摘

過去にも、遭難機の乗客が残した8㍉フィルムが、事故原因や航跡解明の手がかりになったことがある。昭和四十一年三月、富士山ろくで乱気流に襲われて空中分解し乗客ら百二十四人が死んだ英国海外航空（BOAC）機事故だ。ただこの時は、数㌔程度の誤差が責任論争になるケースではなく、厳密な分析はされなかった。

コース取りがどうであれ、防衛庁側の過失責任は免れない。最高裁は一昨年九月、事故原因に関して、教官らの個人責任だけを問うのではなく、事故当日に問題の訓練空域を臨時に設定した松島派遣隊幹部のずさんさも強く指摘し、民事訴訟での防衛庁側の立場は厳しくなったとみられている。

このフィルムが、それをどこまでばん回する材料となりうるか。一本の8㍉フィルムが巻き起こした「コース論争」は、防衛庁側、全日空側のメンツの問題もからんで、まだまだ続きそうだ。

朝日新聞、昭和六〇年二月一八日付

《「これこそ決め手の新証拠だ」と意気込む防衛庁側。「いや、あてにならない代物」と「防戦」の全日空側。昭和四十六年七月、全日空のジェット旅客機と航空自衛隊の訓練機が、岩手県・雫石町の上空約八千五百メートルで衝突し、旅客機の乗客・乗員百六十二人全員が死亡、当時、世界最大の惨事となった「雫石事故」の裁判で、今、犠牲者の乗客の一人が機外を連続的に撮影していた一本の8ミリフィルムをめぐり熱い論争が続いている。全日空側が国に約四十三億円の損害賠償を求めた民事訴訟の控訴審（東京高裁民事十部）の法廷に全日空側から提出され、双方が映像を分析した鑑定書を提出。決着したかに見えた「コース逸脱は、自衛隊機か、全日空機か」の論争が、改めて起きている》

再確認しておきますが、この興味深い記事の主役である**「8ミリフィルム」は全日空側が提出した**ものです。

《この事故をめぐる大きな争点の一つが、全日空機の航跡と衝突地点。政府の事故調査委員会（山県昌夫委員長）は四十七年、全日空機は民間機が計器飛行の時に通るジェットルートJ11Lを管制に従って飛行していた、と判断。衝突地点は、岩手山の南南西で、同ルートの西約四キロの地点を中心として東西一キロ、南北一・五キロの長円の中だったとした（A図下部の㋑）。J11Lから東西五海里（約九キロ）内は、航空自衛隊が編隊飛行の訓練を避けるよう決めており、その制限空域内で起きたと認定したわけだ。

自衛隊側の事故機を指導していた教官は、「制限空域内へ入り、周囲の見張りを怠った」として刑事裁判で有罪が確定しているが、刑事裁判での検察、民事裁判での全日空側の主張は、この調査結果をベースにしている。

一方、防衛庁側は、元同庁第三研究所長の海法泰治氏の鑑定をよりどころに、全日空機はJ11Lを西に外れたコースを取り、衝突地点も、J11Lから約十二キロ離れた「制限空域外」だったと主張したが、民事、刑事を合わせ、過去四回の判決では、全てこの主張は退けられた。

民事訴訟の控訴審で焦点となっているフィルムは、全日空機の右主翼付近から乗客が撮影したもので、カラーで約三十分間。千歳空港の様子から始まり、函館市郊外、青森市の近く、十和田湖などが写っている。全日空側によると、事故直後に入手、政府の事故調査委員会に提出したが、詳しい検討の対象とはならなかった。

しかし、民事訴訟の一審、五十三年の東京地裁の判決が「全日空の機長も、自衛隊機の教官らと同様に見張りを怠った過失がある」などとして、全日空側にも十分の四の過失がある、と認定したため、「過失の割合が予想以上、更に、防衛庁がこだわるコース論争に決着をつけたい」と、全日空側は控訴審で法廷に持ち出した》

まず、記事の誤りを訂正しておきます。「カラーで約三十分間」とありますが、飛行時間が三〇分で、撮影時間は約三分です。私も8ミリ愛用者でしたが、当時の撮影機では三十分連続して撮影できません。フィルム自体が一本三分程度の長さでした。

また「十和田湖」が写っていたとありますが、十和田湖ではありません。乗客は、十和田湖上空から秋田県の「八郎潟方向」「大館市周辺」を撮影していて、最後に「田沢湖」を撮影しているのです。実は防衛庁側の分析で「田沢湖」が写っていることが判明したため、形勢逆転したものです。

全日空側によると、事故直後に入手し「政府の事故調査委員会に提出したが、詳しい検討の対象とはならなかった」というのですが、事故直後に入手して政府事故調査委員会に提出したのに、事故調査委員会が調査しなかったとすれば、事故調査委員会の重大な落ち度です。仮に提出していなかったとすれば全日空側の「証拠隠滅」にあたります。記事はこう続きます。

《全日空側は、フィルムに写っている風景から航跡を割り出そうと、航空測量会社の最大手、国際航業に分析を依頼。函館から青森近くまでのコースを推定した（A図参照）鑑定書を提出した。この結果によると、全日空機のコースはJ11Lより東側となり、政府の調査委のコースとも違った。青森以南は、画面のほとんどは雲しか写っておらず解析は不能だったという。

一方、防衛庁側も、独自に業界二位のアジア航測に分析を依頼。その結果を、今年一月の第二十三回口頭弁論までに二回に分けて鑑定書として出した。それによると、航跡はJ11Lの西側とされ、全日空の分析とは大きく食い違っている（A図参照）。衝突地点近くまで分析できたのは、「雲の切れ間から二箇所で田沢湖が見えた」としたため。しかも、この航跡は、同庁が海法鑑定に基づいて主張した「Ｊ11Ｌの西十二キロに沿ったコース」とほぼ一致している》

確かに青森以南は雲が多く写っているため、全日空側はこれ以降は単なる雲を撮影したものと思ったらしく解析していません。しかし、「雲の研究家でもない一乗客が、貴重なフィルムでそんな雲だけの風景を撮るはずがない。乗客の目には何かが見えていたからで、映像が不鮮明なだけに違いない」と疑問を持った自衛隊幹部が、現像液や印画紙を変えつつ映像を詳細に分析した結果、実は雲ではなく「田沢湖」だと判明、防衛庁側は事故

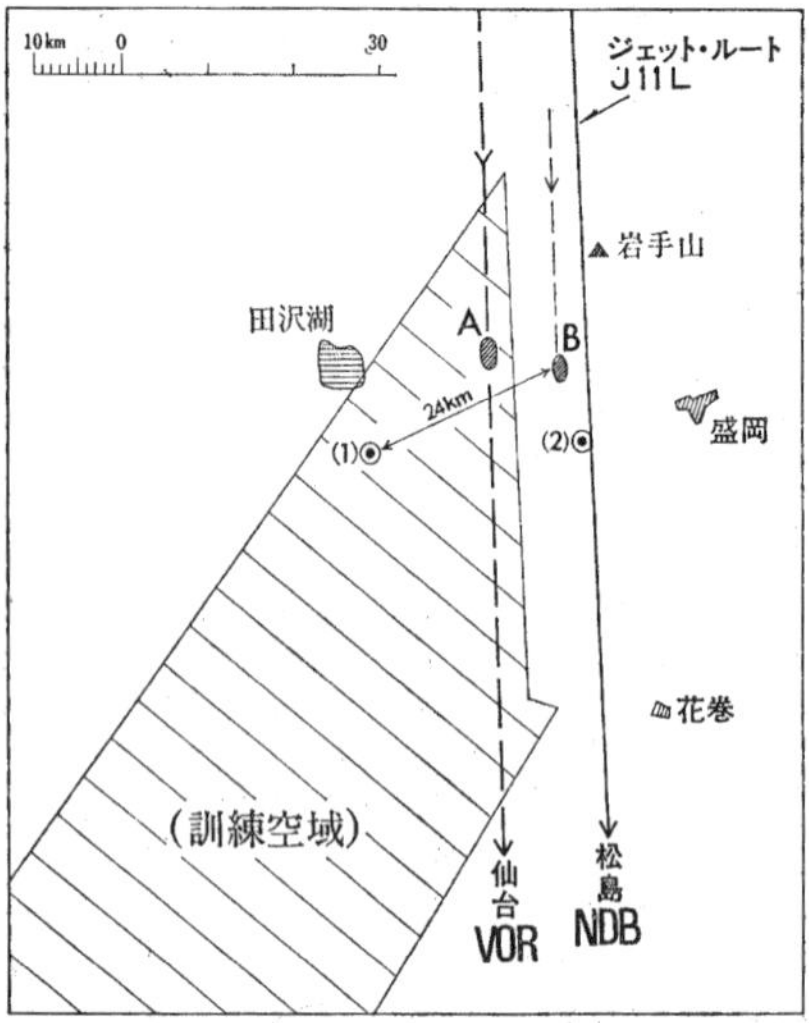

（註）
A　筆者の推定接触地点（十四時二分三十一秒）
B　政府事故調査委員会の推定接触地点（十四時二分三十九秒）
(1)十四時三分十六秒〜二十一秒の隈機の位置（タカンによる）
(2)十四時五分四十八秒〜五十三秒の隈機の位置（タカンによる）

『恐怖の空中接触事故』から

直前までのコースが解析できたのです。

その上全日空側が提出した国際航業制作の航跡図を見た地図専門の大学教授が計算式のミスを指摘、改めて正しい計算式を使用したら、防衛庁側のコースに重なることまで判明するという、信じられない事実が判明して結論は出たも同然でした。

それで慌てた全日空側が、自分が提出した証拠物品を「あてにならない代物」だとして取り下げようとしたのですが、その裏にはさらになぞがあります。

全日空側が8ミリフィルムを法廷に提出したのは確かに昭和五六年一〇月二〇日ですが、提出前に「国際航業社」に分析を依頼、昭和四九年一月一〇日に解析結果が届きます。その間、おそらく事故調査委員会は全く知らされてはいなかったのではないでしょうか？

これは前述したように「証拠隠蔽」の意図が全日空側にあったのではないのか？ 解析した結果、有利な証拠が出てくれれば提出するが、不利な場合には無視する、そんな計画だったに違いないと思われます。案外、これと同様にCVRも意図的に提出しなかったのかもしれません。

ところが8ミリフィルムの分析結果の方は「有利だと判断した」。だから提出したのでしょうが、なんと国際航業社の計算ミスでとんでもない「不利」になってしまった。その後の全日空側の行為は尋常ではありません。裁判所はなぜこの点を追及しなかったのでしょうか？ 勿論弁護側も。

記事はこう続きます。

《こうした動きに対し全日空側は、一転してこのフィルムの証拠価値に懐疑的な態度を打ち出し、昨年、「高高度の上空から8ミリで撮影した場合、画面上の物体は、実際の位置より飛行機に近づいて写ることが判明した」とする、新たな鑑定書（B図参照）を提出、攻守ところを変えた形となった。

全日空側は「8ミリ撮影の場合、実際の位置と画面上の見かけ位置のズレの程度や、ズレが起きる原因については不明」としつつ、「この不思議な現象を防衛庁側が否定する根拠を示すなり、突破しない限り、いくら詳細な鑑定に基づく航跡推定をしても無意味。それに田沢湖が写っているか疑問。結局、8ミリフィルムを利用して正しい航跡を求めるのは無理」と主張している。

過去にも、遭難機の乗客が残した8ミリフィルムが、事故原因や航跡解明の手がかりになったことがある。昭和四十一年三月、富士山ろくで乱気流に襲われて空中分解し乗客ら百二十四人が死んだ英国海外航空（BOAC）機事故だ。ただこの時は、数キロ程度の誤差が責任論争になるケースではなく、厳密な分析はされなかった》

ここまで来ると全日空側の論理は支離滅裂《しりめつれつ》で既に破綻《はたん》しています。その行為は、単なる「こじつけ論」などではなく、「悪あがき・往生際が悪い」という他ないでしょう。

自分が自信を持って新証拠として法廷に提出した証拠を、自ら撤回しようとしたばかりか、証拠としての信用性がないというのですから、裁判所を冒涜《ぼうとく》にするにもほどがあります。ところが理解できないのは、裁判所側も取り立ててそれを問題にしていない点です。

防衛庁側は、全日空側が急に主張し始めた8ミリフィルムの誤差について、「高層建築物の屋上から撮影して確認する法」や、「実機を使用して空中撮影する法」などを提案、検討中でした。広大な戦域などを各種高度から撮影して、その写真を元に作戦計画を練る「偵察行動」を専門にする防衛庁としては、いくらでも証明する手段はあったからです。

そして朝日新聞の記事は、定番どおり次のように締めくくりました。

《コース取りがどうであれ、防衛庁側の過失責任は免れない。最高裁は一昨年九月、事故原因に関して、教官らの個人責任だけを問うのではなく、事故当日に問題の訓練空域を臨時に設定した松島派遣隊幹部のずさんさも強く指摘し、民事訴訟での防衛庁側の立場は厳しくなったとみられている。

このフィルムが、それをどこまでばん回する材料となりうるか。一本の8ミリフィルムが巻き起こした「コース論争」は、防衛庁側、全日空側のメンツの問題もからんで、まだまだ熱く

続きそうだ》

驚いた結論です。コース取りがどうであったかは、この事故の過失責任がどちらにあるかを決める決定的なものであり、これが判明すれば、当日の松島基地幹部達の臨時空域設定が「ずさん」であったとはいえなくなるからです。むしろ、ずさんな飛行をして訓練空域に侵入した一六二名もの乗客乗員の命を奪った58便のクルーの責任は重大です。そして乗員組合が問題提起していた人間性無視ともいうべき環境下にクルーを置いた、全日空社側の責任も問われなければならなくなります。

8ミリフィルムという新証拠は、当事者の「メンツ」がからむ問題では絶対にあり得ません。事故調査という、真因を追及し再発防止をする上での重要なカギなのであって、単に被告と原告側のメンツ云々を問題視するような新聞記事こそ、人命軽視を絵に描いたような偽善新聞だと言われても仕方ないでしょう。犠牲になった乗客達のことを忘れていて無責任極まります。

このように、フィルムをめぐる双方の主張をかなり公平に取り上げた記事なのに、結論が急変しているのは理解に苦しみます。しかし記事全体を読めば、新証拠を提出した全日空側が、いかに「往生際が悪かったか」よく理解できることですが、その裏には、恥も外聞も捨ててまでも隠し通さねばならない〝何か〟があったのではないか？　と疑いたくなります。

昭和五七年末頃、当時、刑事事件において上告趣意書提出済みであり、三回にわたって上告理由の補充書を提出していて、最高裁の審理結果をひたすら待っていた防衛庁側の弁護団を支援していた松島派遣隊の菅三佐が、海法鑑定書を裏付けているアジア航測社作成の8ミリフィルム解析書を持参して説明し、刑事事件の上告審に反映させたいと熱心にレクチャーをしました。弁護団は菅三佐の熱意にほだされて「刑事上告審において新証拠の提出が許されない」にもかかわらず、「第四回上告趣旨補充書」を作成して、この補充書は「最高裁判所の量刑判断にも少なからぬ影響を与えられる」として、昭和五八年五月一九日最高裁判所に提出、さらに全日空社による事故後十年間の8ミリフィルムの秘匿《ひとく》についても、弁護団は次のような疑念を披瀝《ひれき》しています。

●全日空社が、それを後になって公にすることは、捜査・事故調査に対する自社の不公正な対応や強い影響力を示唆するおそれを懸念したのではないか。

●それとも全日空社はほとぼりが醒めた、と思ってこれを出したのか。

●全日空社がこのような重要証拠を秘匿温存したということ自体、事故調査委員会による調査、これに依存する捜査がいかに信用し難いか明らかになった。

●8ミリフィルムは、刑事事件の末期に発見された新たな証拠であり、既に証拠として顕出《けんしゅつ》する機会を失ったものだが、このような場合は刑事訴訟法第四百三十五条六号に定める〝有罪の言い渡しを受けた者に対し、無罪……原判決において認めた罪より軽い罪を認めるべき明らかな証拠をあらたに発見したとき〃に該当すると解するべきである。

五、責任の比率「6（防衛庁）対4（全日空）」が高裁では「2対1」への怪！

ちなみに8ミリフィルムの件に関する経緯を整理しておくと次のとおりです。

●四六・七・三〇　事故発生
●四九・一・一〇　国際航業社が解析結果を全日空社に提出
●五六・一〇・二〇　全日空側が、民事訴訟に8ミリフィルムを提出し、その解析結果「58便の飛行経路は政府事故調査報告書どおりJ11L沿いである」（むしろ東側）と主張
●五七・三・一〇　防衛庁、8ミリフィルムを全日空社から借用して複製
●五七・三・一六　陸上自衛隊第一〇一測量大隊（地図作成専門部隊）に解析を依頼
●五七・七・二八　一〇一測量大隊の中間解析結果、飛行経路は函館→仙台VORの線に沿う可能性が強まりアジア航測社に本格的な解析を依頼
●五七・八・二　刑事訴訟において刑事弁護人も8ミリフィルムに関する上申書を提出
●五七・八・二四　一〇一測量大隊の解析完了

●五七・一一・三〇　アジア航測社の解析、十和田湖上空まで完了
●五八・二・二三　防衛庁側、8ミリフィルムの解析結果、全日空機は函館→青森→十和田湖上の仙台VOR向けの線上を飛行。FDRとの関係から接触地点は訓練空域内とする、全日空機の飛行経路及び接触地点に関する準備書面を提出
●五八・三・二三　同上陳述
●五八・五・一九　刑事訴訟において弁護人が8ミリフィルムの上告趣意の補充書を提出
●五八・六・一四　民事訴訟において、8ミリフィルムのコピーを証拠として提出
●五八・九・二二　刑事裁判で最高裁が自判　(限教官に有罪判決)
●六〇・一・一〇　民事訴訟において十和田湖以南、田沢湖分について、解析結果を準備書面で提出
●六〇・二・一八　朝日新聞が「深層・真相」欄でこの論争を報じる。

実はこの朝日新聞記事に関して、私が体験したエピソードを書いておこうと思います。

昭和六〇年一月一一日金曜日、当時空幕広報室長だった私に、朝日新聞のK記者から「雫石事故の控訴審の日程を教えて欲しい。ついては、乗客が墜落直前に撮った写真があるそうだが

空幕にあるか?」と電話がありました。法務課長に問い合わせて「写真というのは民間機の乗客が追突直前まで撮影していた8ミリフィルムのことではないか?」と聞くと、K記者は「その写真には湖が写っているらしいが湖の名前は分かるか? 室長は写真を見たことがあるか?」と立て続けに聞きます。

「以前見たことはあるが、秋田県の田沢湖が写っていたと記憶する」と答え、雫石裁判で何があったのか問い返すと、「法務省担当の仲間から、控訴審で新たな証拠写真が提出されるらしいが、防衛庁が持っていたら見せてもらえないだろうか?」と問い合わせてきたのだというのです。

そこで私は「防衛庁は現在この裁判の当事者だから、残念ながら便宜を図ることは出来ない。既に写真は航空会社側から裁判所に提出されているから、正規の手続きを経て閲覧させてもらって欲しい」と答えました。乗客の8ミリフィルムに田沢湖が写っていたことは裁判の過程で明らかにされていることですが、これは明らかに防衛庁側が有利になる〝新証拠〟であり、朝日新聞に報道されると防衛庁側が不利になるのではないか? と私は案じたからです。

一三日、日曜日の朝、K記者から自宅に田沢湖の写真は裁判所で入手できたと電話があったので、「この問題は複雑な問題だから、慎重に取り扱わないと酷《ひど》い目にあうよ」と忠告しましたが、「事実関係を淡々と報道するだけです。担当する友人は正義感の強い人間ですから、卑怯な記事は書きません。社会正義のためには逃げ隠れしないのが朝日のモットーですから」と答えてK記者は電話を切りました。

そんなことがあって二月一八日月曜日にこの記事が掲載されたのです。

この記事の影響は大きく、各方面からの取材が相次ぎました。関係者に大きな衝撃を与えたようでしたが、朝日新聞社には全日空社側から猛烈な抗議が来たらしく、朝日新聞内部でも問題になったと聞いています。

「月曜日の新聞は、土曜、日曜と幹部が不在になりチェックが甘くなる。編集委員のサインだけでOKだ」そうですから、月曜日に出社して知った幹部達が狼狽《ろうばい》したのでしょう。それは、冒頭で引用した「週刊新潮」の中で、「はっきり申上げますと、今頃、何故『朝日』であの8ミリの問題が取り上げられたのか分かりませんよ。田沢湖が映っている、いないの問題にせよ私は疑問を持っています。ともかく映像を見ればすぐ分かりますよ」という当時の全日空・窪田陽一郎・法務課長談話からも推察できます。

とりわけ、事件を担当する法務省では、朝日新聞がこの記事を掲載した意図について疑心暗鬼になったようでした。それはそうでしょう。同じ法務省内で、刑事局と民事局で完全なねじれ現象になっていたのですから。どちらがリークしたのか？　と互いに疑ったに違いありません。

そのせいか、防衛庁側が意図的にリークしたのでは？　と、空幕の法務課にもかなりの圧力がかかったようで、広報室長である私が裏で何か画策しているのでは？　とS法務課長に疑われたばかりでなく、「余計なことをするな！」と警告までされたので「何かがある」と私はますます疑い深くなったものです。

法務課長は、「雫石民事裁判の国側代表は、法務大臣、つまり法務省検事なので、空幕法務課員はもとより、広報室長も発言を慎むべし」「刑事裁判については、防衛庁も国の行政機関だから、何ら口を挟むことは出来ないし、かつやってはならない」と建前論？　を言うのです。

この記事は朝日新聞記者が自主的に書いたものであって、我々が発言を自粛するいわれはないでしょう。むしろ、この記事を奇貨《きか》として「反撃に出る」のが自衛隊側の任務ではないのか？　それもせずに、沈黙していたのでは誰が組織として隈、市川両氏を援護《えんご》するのか？　そう思ったものです。そして裁判を傍聴した小澤甚一郎氏が、「防衛庁側検事の尋問に、私は全く切歯扼腕の思いをしたのであった」と書いた理由が私には理解できました。

昭和四八年四月一八日以降の民事裁判では、防衛庁は、海法・黒田鑑定書を提出し、自衛隊機の無過失を主張し始めたのですが、時の防衛庁首脳達も、政府事故調査委員会報告書の影響を受けていたように思います。防衛庁は、航空活動、というより軍事活動全般に何とも疎《うと》い役所で、その後の潜水艦「なだしお」事件等、自衛隊関連裁判では〝全敗〟だったことがそれを証明しています。

当時、防衛庁技術部門の大御所であった海法泰治氏さえも、鑑定書説明のため、何度も内局に足を運ばれたが、「ちっとも分かっちゃいない！」と愚痴をこぼしていましたが、三次元の世界の出来事を「文官」が理解するのは無理です。いや、〝制服〟の中にも理解していない者がいたのですから……。

事故当時一等空尉に過ぎなかった私は、専門分野に関する長官補佐を、制服トップが十分に果たしているのかどうか気になっていたのですが、そこへ石川副長のアノ発言です。現場は怒り心頭に発していましたが、逆に事故直後の内局には、文官の宍戸官房長のような方もいたのです。

八月三日付の毎日新聞「全日空機事故と〝政治責任〟」と題する「本社記者座談会」には、防衛庁内部の模様がこう書かれています。

《C＝石川空幕副長が事故の直後〝自衛隊のミス〟を認めたことを、宍戸官房長は「まだそこまで言う必要はない」と怒っていた。あれが自衛隊への風当たりを一層強くした――と言ってね。制服は、確かに事故のショックもあって、シュンとしている。だが、本当の反省がされているかというと、そうとはとれない面が多い。

A＝それは防衛庁内部でも、現場の制服組の〝暴走だ〟ぐらいにしか認識していないからだ。ニアミスの危険は、四十四年九月に開かれた同庁高級幹部会同でも、当時の西部航空方面隊司令官が「このままでは大惨事を招く」と長官以下に訴えている。昨年は空幕が一年がかりでニアミスを監査し、この春「もはや放置できない」と報告した。七月には着任したばかりの上田空幕長も、連日のように実情を説明していた。もし長官なり、次官なりが、もっと真剣に取り上げていれば、積極的に運輸大臣と交渉しただろうし、惨事防止のため万全を期しただろう。それを怠っていたことは確かだ》

やがて民事訴訟第一審では、政府委員が「書いてみただけ」の「相対飛行経路図」から、教官が「接触三〇秒前から一四秒前までの間」、市川二曹が「接触四四秒前から三一秒までの間」視認できていた〝はず〟、自衛隊機側は約四四秒前から一四秒までの三〇秒間、全日空機操縦者は、接触三〇秒前から一〇秒前までの二〇秒間、「相手機を見張るべき範囲にいた」として、三〇秒対二〇秒、つまり防衛庁六対全日空四の過失割合とされました。これを不服とした全日空側が控訴した民事高裁で8ミリフィルムを提出したため「コースをめぐる論争」が生じたのですが、一転して不利を悟った全日空側が証拠を取り下げようとしたにもかかわらず、高裁の判示は「二対一」と、逆に防衛庁側に不利な判決で終わったのは実に不可解でミステリアスなことでした。「前方を見張りしていなかった」上に、自衛隊の訓練空域内に全日空機側が「一方的に侵入した」ことを証明する新たな証拠が全日空側から提出されたにもかかわらず……。

さらにミステリアスなことは、誰もそれにクレームをつけなかったことです。

「どうせ賠償金を支出するのは国民の税金だからさ。これで全てハッピー、防衛庁はじめ国側で腹を痛める者は誰もいないからさ」と言った記者の言葉が未だに忘れられません……。

第7章

事故の真因

以上縷々《るる》述べてきた結果から、この事故の真因は次の二つに要約できます。

一、全日空機側の見張り義務違反

B727のクルーは見張り義務を怠った。見張っていれば確実に事故は「回避」できた。見張りを怠った理由は、当日三回目という過酷なフライトで、さらに定刻よりも五三分遅れて千歳を離陸し、地上で昼食がとれなかったため、二八〇〇〇フィートの巡航高度に到達して水平飛行に移った後自動操縦装置に依存して昼食の準備、または昼食中だったためである。この行為は乗員組合から改善要求が出されていることから推して恒常化していたと思われる。

二、全日空機の航路逸脱

当日50便で千歳→羽田間を飛んだクルーは、57便で羽田を発って千歳に戻り、再再度58便として羽田に向かうという過密なスケジュールを強いられていた。クルーは、飛行計画書にJ11Lを使用する計画を記入したが、この区間に慣れていたので函館NDB通過後、アウトバウンド・トラッキングすることなく、近道の仙台VORに針路を取り、自動操縦で漫然と飛行して自衛隊側の訓練空域内に侵入した。このことは当日当該クルーが50便で羽田に向かう際、訓練中の自衛隊機と遭遇している事実、また、航空自衛隊のBAGDEシステムに残された航跡と、接触場所の目撃情報、さらに、民事裁判に提出された8ミリフィルムをアジア航測が解析した結果明らかである。

また、政府事故調査報告書の接触地点算出法は、「サーボ機器」の分離落下時点が根拠薄弱だったことからも信用できない。本接触事故は、全日空機側の航路逸脱によって生じたものである。

三、全日空機側の航空法違反

さらに全日空機側は申請した航空路を恒常的に無視するという、重大な航空法違反を繰り返していた疑いがある。後日、禁止されていた「VMCオントップ」飛行が、官民ともに無視して継続されていた事実に鑑み、我が国の航空行政のずさんな一部が改めて浮き彫りにされたし、《昭和五一年九月に、全運輸労組が発表した航空黒書『空の安全を点検する』によって、国内航空三社のパイロットのアンケートの結果、雫石事故の後でも、「多数の民間旅客機がルートからはずれ「やむを得ず、との但し書きがあったが」、防衛庁管轄の訓練空域や試験空域へ入っていること」「ルートを変えて防衛庁管轄空域に入る際に、機長がとるべき規定の手続きを知らないパイロットが過半数あったこと」を知ったが、事故以前には、旅客機のルート逸脱は日常茶飯事と言われていた（『恐怖の空中接触事故』）》とあることからも裏付けられる。

四、「結論＝１００％全日空機側の過失」

よって本裁判は、政府事故調査報告書の不備と、全日空機側の一〇〇％過失によって起きた事故であり、自衛隊操縦者に対する判決は「無罪」が妥当であり、現状は「冤罪事件」に相当する。

事故原因が曖昧なまま、行政罰を受けた防衛庁側関係者に対して国側は速やかに謝罪・補償しその名誉を回復しなければならない。なお、本事故の犠牲者に対する補償は、国ではなく当該事業者が支払うべきものである。また、民間航空を指導する立場にあった運輸省の責任も免れない。

第8章

政府高官の奇妙な発言と最高裁「自判」の怪

一、政治とメディア……政治的圧力？

事故発生当初、まだ事故の原因調査も始まっていない段階から、既に「自衛隊の〝犯罪〟」だとする情報が乱れ飛びました。本来公正に報じるべきメディアも、これに呼応して「反自衛隊感情」をむき出しにした「自衛隊悪玉論」で紙面を飾ったのです。

これは、政府事故調査委員会発足時に所管大臣である丹羽喬四郎《にわきょうしろう》運輸大臣が、山県委員長以下、委員達に向かって「この事故の原因は、もうはっきりしているのだから、ぜひ結論を急いでもらいたい」と注文をつけたことに起因していると考えられます。

「慎重な調査研究の成果として出てくるはずの事故原因を、調査業務の責任者である運輸大臣が、調査に取り掛かる前に決めているのだから公正な結論などは期待できるわけがないといえる」と須藤氏は書きましたが、丹羽運輸相は、〝何を根拠〟に事故調査委員達に「指示」したのでしょうか？

ちょうど雫石上空で接触事故が起きた七月三〇日午後の参院運輸委員会で、航空評論家の関川栄一郎氏、楢林寿一氏、航空安全推進連絡協議会事務局長の松田更一《まつだこういち》氏など、民間から参考人五人が招かれて「ばんだい」号事故に関する審議が行われていました。

そこに空中接触事故の報告が入ったのですが、「晴天に近い天候らしいから、接触した時点で、おそらく乗客も事故が起きたな、ということは全部分かっていると思う。だから、緊急用の落下傘が装備されていたら、何人かは脱出できたかもしれない。全日空の飛行機に落下傘の用意が完備していたかどうか、これは後で問題になると思うが、おそらく装備されていたことは間違いないし、もしこれが装備されていなかったのならば大問題だ」と発言した委員がいたといいます。

「なんともお粗末であるとしかいいようがない」と須藤氏は落胆していますが、その時、丹羽運輸大臣が事故のニュースで退席しています。

そして事故調査委員会発足時に前述したような注文をつけたのです。誰が事故直後の時点で丹羽運輸大臣にそんな指示をしたのか不思議です。それが原因で岩手県警は「自衛隊パイロットを拘束《こうそく》する」ことに気を取られ、捜査の初歩ともいうべき「機長らの司法解剖」を忘れたのではなかったか？

その後、国民ははっきりと知ることになるのですが、この頃既に「ロッキード疑獄の幕」は開いていたのです。当時の全日空は、昭和四一年二月四日の羽田沖墜落事故で一三三名死亡、同一一月一三日に松山空港沖で五〇名死亡等航空大事故が続き、その後遺症からようやく解放されようとしていた矢先で、運行、整備態勢を根本から立て直すために、運輸省事務次官経験者、若狭得治《わかさとくじ》氏を社長とする体制がようやく固まってきた時期でした。そこに雫石事故が起きたのです。

事故発生時、入院中だった若狭社長は入院着姿で記者会見し、「断腸の思いだ」と記者達の同情を引く一方、社内には「我が社は〝被害者〟であることを忘れるな」と厳命したといいます。

当時これを知った私はそのしたたかさに「敵ながら天晴《あっぱ》れ！」と感心したことを記憶しています。「身内を〝敵〟に売り渡した」我が最高指揮官に比べると戦い方を知っている大した指揮官だ！　と若い私は思ったのです。

若狭体制推進のあおりを食らって、全日空社から排除された日本航空系の役員達は、切歯扼腕していたでしょう。そのような社内体制の時に起きた事故でしたから、責任が全日空社に及べば結果は知れています。海外路線への進出と、大量輸送時代を目指したエアバスの導入がストップしたら、若狭体制は重大な結果を招くのは必定《ひつじょう》で、全日空社そのものの存立さえ危ぶまれたでしょう。

国民はロッキード事件が暴露されると、利益のためには手段を選ばない全日空社の体質と、運行整備体制の遅れた実態を知ることになりました。故に、雫石事故の責任を自衛隊（国）が被ったことにより全日空社は救われたのだ、といえるのかもしれません。いや、そう仕組んだのではないか？　隈教官をスケープゴートにして……。〝官僚達〟までもそれに加担してうまく切り抜けた？　とは言いたくありませんが、結果はまさにそのようになったのです。

二、田中議員の指示？

昭和三九年以降、長期政権を維持してきた佐藤首相は、沖縄返還協定調印後引退するのでは？　という観測が政界には強まっていて、後継者争いが「角福戦争」と呼ばれていました。それが一層激化したのは、この年の七月五日に第三次佐藤改造内閣が発足し、通産大臣に田中《たなか》角栄《かくえい》氏、外務大臣に福田《ふくだ》赳夫《たけお》氏が就任した時です。そのような政情を窺わせる内容が、『昭和戦後史（下）――崩壊する経済大国』（古川隆久著：講談社）に出ています。

《佐藤政権で幹事長などをつとめた田中は、高等小学校卒と学歴こそないが、土建業や土地転売等、違法すれすれの方法まで使って築いた財力で政界に進出し、議員立法などの手法で精力的に国土開発政策を推進して実績を積んだ。田中はたたき上げの党人派だった》

《又、金力と絶妙の人心掌握で、自民党の政治家はもとより、エリート官僚たちをも次第に手なずけて政策立案の相談相手とした。『コンピューター付きブルドーザー』とも呼ばれたゆえんである。ただし、資金調達方法では早くから数々の疑惑が取りざたされていた》

そして注目すべきは次の解説です。

《田中は佐藤派に属していたが、佐藤が田中を後継者と認めなかったので、昭和四七年五月に佐藤派を分裂させて田中派を結成し、総裁選に出馬した。手堅い性格の佐藤には、猪突猛進型で金に関する疑惑のうわさが絶えない田中が危なっかしく見えたようだ。

佐藤は後継に大蔵官僚出身の福田赳夫を推した。しかし、佐藤の党内への影響力は前年から既に失われており、田中は豊富な資金力に物をいわせて、七月五日の自民党総裁選で福田を破って当選、六日に総理に就任した》

そのような関係にあった佐藤、田中両氏の対立軸は、佐藤総理が後継者に福田氏を推していたことから、田中氏が福田落としに懸命だったことは十分理解できます。そして「角福戦争」は、実は前年の昭和四六年に既に始まっていたのであり、後に明らかになった「ロッキード事件」がそれでした。そんな最中に雫石事故勃発《ぼっぱつ》、直後の二日に増原《ますはら》防衛庁長官が辞任し、西村《にしむら》直己《なおみ》氏が起用されます。

野党は「内閣全体の責任だ」として政治責任を追及する構えを見せ、総評は「佐藤内閣の引責辞職を要求すると共に、四次防の取りやめ」などを要求する決議を行いました。

四日の衆院運輸・交通安全対策特別委員会で、佐藤首相は「政府の責任においてお詫びする」と答弁しましたが、木原実《きはらみのる》社会党議員は「政府に対する国民の不信感をぬぐうには、職を辞して詫びる以外にない」と佐藤首相に迫りましたが、首相が「議論するつもりはない。意見は意見として聞いておく」と答えたため、委員会は騒然となりました。

その後和田耕作《わだこうさく》民社党議員が「警察庁の調べでは無謀な訓練が原因となっているが」と質問、首相は「訓練計画そのものは度外れたものではない。**民間機も所定の時間どおり飛んだのなら事故に遭わなかった。計器飛行でも前方を注視しなきゃならん**」と至極全うな答弁をしているのです。

ここで民航機側の失態が判明し、運輸大臣も「辞職」する事態になっていたら、佐藤内閣は、防衛、運輸の二大臣を失い総辞職です。そうなれば、後継総理は〝自動的〟に福田氏になる。準備不足の田中氏は焦《あせ》ったに違いありません。なんとしてでも運輸大臣の「辞職」だけは防ぎ、佐藤内閣総辞職の事態を防ぐためにこの事件は「自衛隊側の一方的なミス」にして、何とかこの窮地を切り抜けねばならぬと考えたとしてもおかしくはないでしょう。そこで、当時通産大臣だった田中氏が、丹羽運輸大臣を呼び、「犯人は自衛隊」として処理するように指示したとは考えられないでしょうか？

丹羽運輸大臣の前任者は、昭和五一年八月二一日に、ロッキード事件全日空ルートで業務上の便宜を図った謝礼として、全日空幹部から五百万円を受け取ったとされ、東京地検特捜部に受託収賄容疑で逮捕された元朝日新聞記者の橋本登美三郎《はしもととみさぶろう》氏であり、運輸政務次官は同じく昭和四七年に、若狭得治会長から大型旅客機国内線導入の運輸大臣通達案で全日空に有利な内容を盛り込むよう請託《せいたく》を受け、その謝礼として現金二百万円を受領したとして、昭和五一年八月に受託収賄罪で逮捕され、ロッキード事件「全日空ルート」の中心人物とされた佐藤孝行《さとうたかゆき》氏でした……。

三、噴出したロッキード事件と国策捜査？

『「週刊新潮」が報じたスキャンダル戦後史』（新潮社編）に、昭和五一年八月五日号の「社会主義者よ驕るなかれ、『田中』逮捕は『自由国日本』の勝利」という特集記事がありますが、読むと改めて当時の様子が浮かび上がってきます。

リードには、《〝先勝〟の朝の巨魁逮捕劇だった。検察は一気に前総理、前自民党総裁の角栄城へと攻め上った。「刑務所の塀の上を歩いていつも外側へ飛び降りる」名人だったこの赤顔の金権政治家も、今回ばかりは外側に燃える世論の火勢に耐え切れなかったのかもしれないし、又司法当局や保守体制内良識派の平衡感覚が、自由主義国日本の浄化機能を発揮させたともいえるのではあるまいか》とあります。

昭和四六年七月の雫石事故では、この「良識派の平衡感覚」と「浄化機能」が発揮されませんでした。記事の中に「新聞も自己点検の要あり」として、この頂上作戦に拍手を惜しまない評論家・三好修《みよしおさむ》氏がこう語っています。

《昭和四十七年七月の総裁選で巨大なカネが動き、田中内閣が誕生した。あの瞬間に、日本の戦後民主主義の中に育ってきたガン細胞が一気に大きくふくらんだと感じたのです。そして自由主義体制が泥沼に入るのではないか、という危惧を抱いていました。そこへ一昨年の田中金脈事件です。だが、「文春」がせっかく道を切り開いたのに、検察は頂上まで行こうとせず、新聞も田中を追い切れなかった。ここに私はさらに危険なものを感じていた。ウォーターゲート事件で発揮されたアメリカ社会の自己浄化機能が日本には欠けているのではないか、このままでは全体主義へ進むしかない、と絶望的な気分になっていました。まあ、今回の田中ショックは、ある意味で新聞の政治部に対する痛烈な批判でもあるわけです。新聞社も今後、金脈の中に巻き込まれていた記者を排除するなど、自己点検をしなければならないでしょう。ともあれ、田中が首相の座をおりたあと、逆に田中派がふくれあがったというのは、奇怪きわまることだったわけで、この際、そういう恥知らずの、金脈に群がった議員達を、次の選挙で徹底的に批判して、消していくことが必要でしょうね。むろん野党にもウワサにのぼった人がいるし、共産党もリンチ事件で傷ついている。つまり、日本の政党全部に傷がついているわけで、腐敗は必ずしも自民党ばかりではない。田中逮捕で事件は八〇％解決した。これをせめて八五％くらいまで持っていくのが重要な課題です》

三好氏が言ったように、雫石事故発生時の背景には、政官業界をまたぐ「金脈に群がる恥知らず達」が跋扈《ばっこ》していたのであり、外敵に対処するための任務にひたすら邁進《まいしん》していた〝純真無垢《むく》な〟自衛隊が太刀打ちできる状況ではなかったといえるでしょう。

一つ付け加えておきたいことがあります。

昭和五九年、私が春日《かすが》基地勤務時代に刑事裁判で有罪が確定した隈一尉は失職処分となったのですが、長年苦労した彼を励まそうと基地でささやかな送別会を行った時のことです。我々は、彼は組織の犠牲者だと思っていましたから、固辞される彼の父・太郎氏も強引に招待しました。

隈家は、昭和三五年七月、第一次池田内閣で通産大臣を務め、同四〇年六月に第一次佐藤内閣で法務大臣、同四二年二月から四四年七月まで衆議院議長を務め、昭和五六年九月二〇日に死去した石井光次郎《いしいみつじろう》氏と姻戚《いんせき》関係にありました。

そこで隈太郎氏は事故後仮釈放された息子を同伴して石井氏に面会し「世間をお騒がせしたことを謝罪し、訓練生の釈放を陳情した」ところ、石井氏は「当時の状況から訓練生は釈放されるだろうが、教官だった太茂津の責任は避けられないだろう。田中の権力と若狭の実弾が結びついているからどうしようもない」と言ったそうですが、隈太郎氏は「訓練生は釈放」と聞いて「本当に嬉しかった」と語りました。事故調査中のことであり、勿論裁判も始まってはいない時です。これを聞いた私は衝撃を受けましたが、太郎氏は既にガンに侵されていたので「遺言だな」と直感しました。翌年太郎氏は亡くなりましたが、通夜《つや》に出席した私は「石井家」の花輪を確認しました。

雫石事件のちょうど一年後にあたる昭和四七年七月七日にスタートした田中内閣は、四九年一二月九日に金脈問題で総辞職、五一年六月二二日に、ロッキード事件で丸紅専務、全日空専務らが逮捕され、遂《つい》に同年七月二七日に田中元総理も逮捕され、五八年一〇月一二日に懲役四年・追徴金五億円の実刑判決が出ました。

これらのロッキード事件・全日空ルートに関する裁判と報道を総合すれば、昭和四六年七月三〇日の雫石事件当時、裏で何が行われていたかは、およそ想像できるのではないでしょうか？

昭和六一年五月一四日、全日空ルート・佐藤孝行元運輸政務次官控訴審も有罪判決、同一六日、同じく橋本登美三郎元運輸大臣控訴審も有罪判決、同二八日、若狭得治元全日空社長控訴審も有罪判決が下りました。こう見てくると、雫石事故の摩訶不思議《まかふしぎ》な背景が透けて見えるような気がします。

運輸省が主導した「事故調査の実態」と「8ミリフィルム」という〝決定的な証拠〟が出た

にもかかわらず、刑事事件は最高裁の「自判」で終了し、民事裁判も防衛庁側が不利な結果で終わるという、信じられない結末の背景が。

つまり、事故当初から、事故調査の主眼は再発防止という観点からではなく「示された結論」に結びつけるための操作であり、法の正義よりも、難解な用語を駆使して「自衛隊の〝犯罪〟」にする芝居だったといってもいいと思います。

昭和五八年九月二二日の最高裁による雫石刑事裁判「自判」のあと、昭和六〇年一二月一三日に、脳性まひになった新生児をめぐって、医師の誤診があったかどうかを争う民事訴訟の上告審で、最高裁第二小法廷（藤島昭《ふじしまあきら》裁判長）は、「二審判決は、証拠資料の誤植を見過ごしたり、具体的な証拠に基づかないで、医師の過失を認定した」と、審理のずさんさを正面から指摘し、医師に賠償を命じていた二審判決を破棄し、大阪高裁に差し戻しています。これを報じたのは朝日新聞同日付の夕刊ですが、あれほどずさんな事故調査資料を基に審理された雫石裁判で、最高裁が審理のずさんさを正面から指摘せず、なぜ「自判」したのか追及していないのは不思議です。

須藤氏らは、『恐怖の空中接触事故』の冒頭にこう書いています。

《本書は「自衛隊の訓練機が定期旅客機にぶっつかって一六二名の尊い生命を奪った」とする

圧倒的な世論に疑問を持った著者グループが、事故直後から五年有半――マスコミには忘れられ政府機関による審査や調査或いは捜査などがすべて終わった後も、真実を求めて独自の執拗な調査研究を積み重ね、論証だけでなく自衛隊パイロットの無実を立証する重要な証拠と証人をさがしあてた、悲願達成の記録である。

この記述の中には、政府事故調査委員、官僚、国会議員などについて、氏名を明らかにし名誉毀損とも受け取られかねないような批判を加えた箇所が少なからずある。社会的に信用を失墜して不利益をこうむる人が出る可能性のあるこのような一見アクの強い筆法は、できるだけ避けるのが常識的であろう。

だが、世論はあまりにも真実とはかけ離れている。政府事故調査委員会の解析と結論、それに盛岡地裁の第一審判決には初歩的な誤判断が多すぎた。本書で批判した人々は、どう考えてみても〝被害者〟の立場にある二人の自衛隊パイロットを、無知からではなかったとしたら不純な動機から〝殺人者〟に仕立て上げようとした、卑劣な輩としか考えられない。

仮に本書によって不利益をこうむる者がいたとしても、それはその人自身が招いたものであり、ここ数年間にわたって不当な非難と処遇に耐えてきた二人の自衛官の苦痛や不利益を考えれば、甘受すべきではなかろうか……（以下略）》

自衛隊の訓練の実態や、三次元の世界についての〝無知〟もあるでしょうが、やはり不純な動機が先行していたのだろうと私も思います。事故調査の専門家達（井戸剛教授は別にしても）は、事故対策本部長である運輸大臣からの〝指示〟に逆らえなかったのでしょう。だから、あのような素人にもばれるような報告書を書かざるを得なかったのでしょうし、裁判官も、空中事故の実態を想像できなかったでしょうから、大阪高裁に差し戻しを命じた新生児誤診事件のようなわけにはいかず、やはり、政界の実力者からの〝指示〟には良心を曲げざるを得なかったのだろうと同情しますが、それでは「法の番人」が使命を果たしたとは言い難《がた》いでしょう。

忘れてならないことは、その陰で、二人のパイロットをはじめ、多くの罪亡き者達が人生を狂わされたのです。もしも良心が残っていれば、今からでも懺悔《ざんげ》すべきだと思いますが、その大半の方々は鬼籍《きせき》に入ってしまわれました……。

雫石〝事件〟は、「外務省のラスプーチン」と呼ばれた佐藤優《さとうまさる》氏が、「事前に世論を盛り上げて象徴的事件を作り出し、時代のけじめとする」と定義づける「国策捜査」そのものではなかったのか？　と私は思っていますが、田中逮捕時の各界の反応を見れば、まだまだ要所には良識派が存在していたのであり、今でもそうであることを信じたいのです。

四、事故調査総括責任者の怪！

事故から十年経った『週刊文春（日付不明）』に「これでいいのか・運輸省［事故調査］総括責任者が全日空に天下りしていた」という記事が出ました。リードは、《〈メーデー！ メーデー！ アネーブルコントロール!!〉川西機長の最後の絶叫を残して全日空58便は空中爆発を起こした。それから十年、事故をめぐる謎はあまりに多い。そして、事もあろうに、公平を期すべき運輸省事故調査の総括責任者が全日空に天下りしている――》というものであり、「石川県小松市にある小松飛行場には、航空自衛隊第六航空団が展開している」という書き出しに続いて、小松救難隊の市川良実二曹（32）を「三年前、彼はこの地味な仕事を志願した。「人命救助に尽くしたい」という理由のためである」と紹介しています。昭和五三年五月の第二審で無罪となった彼は、戦闘機の道から救難部隊へ転換したのです。

第一審判決後、彼は「今後、遠い将来にわたって何も出来ないかもしれません。しかし、何か出来る時がくれば私の生命を投げうってもこの償いを果たしたいと思っています」と陳述したのでしたが、それを実行したのです。『週刊文春』は、当時の報道の異様な自衛隊攻撃を批判した後、

《裁判は始められたが、奇妙なことに、第二回公判が終わってから第三回公判までの実に七ヵ

月ものあいだ、突然法廷が閉廷になったのである。その原因は、告発した側の検察にあった。公判の過程で裁判長及び弁護側が出した単純な質問**「両パイロットにどんな違反があったのかを具体的に明らかにせよ」という要求に検察側が応えられなかった**のである》と書いていますが、読者にはお分かりでしょう。

『週刊文春』は、当時の新聞報道が事実誤認だったことを明瞭に示した後、さらに事故調査報告書への疑問を提示しています。つまり、三つの刑事裁判の判決、結論が全て違うのは、事故調査報告書に原因があるのでは？　と疑問を示し、《事故調査に加わった委員の一人荒木浩氏（東洋大工学部教授）は、公判中に、「（報告書が）刑事裁判に使用されるとは思っていなかった」とさえ発言し、検察側をあわてさせている。さらに、雫石の「政府事故調査報告書」の場合は、報告書やそれを作成した事故調査委員会自体に不審点が多すぎる》として、委員会メンバーの構成に疑問を呈し、《人数が少ないうえ、航空機事故の調査に必要不可欠な気象学の専門家を欠いている》と鋭い指摘をしています。

そして民事裁判の過程で明らかになった「一通の領収書」について、防衛庁の賠償責任者が、《民事で全日空が要求している賠償額は、約四十億円なんです。機体損失にかかわる証拠書類（領収書）などは何万枚にものぼるため、それをいちいち裁判で検討していたのではとても時間が足りない。そこで、裁判所の要請で事前に双方で協議をすることになったんです。

昭和五十二年の十二月から翌年の一月までの約二週間、全日空本社と防衛庁双方を会場にしてその調整をしました。防衛庁側から三人、全日空側からも三人程度が出席しましたが、突然防衛庁の幹部の一人が「笠松様」という宛名の旅館の領収書を見つけたんです。

領収書の発行年月日は、事故調査団が現地へ調査へ行ったころのもので、当時の一泊料金にしてはちょっと高い金額の一万円程度が書きこまれてありました。

個人の領収書が出てきたんで、おかしいと思いさっそく確認したら、これは運輸省航空事故調査の総括責任者、笠松好太郎氏のものだとわかった。

笠松氏といえば事故調査の全責任を預かる調査課長（当時）で、政府から派遣されて出張費も出ている。その領収書をなぜ全日空が賠償請求するのか。抗議したら、全日空は引っ込めました。が、それにしても笠松氏と全日空が事故調査の際に個人的に会食したとしたら、問題じゃないですかねえ》

と語っているのです。

問題どころか「重大問題」のはずで、まさに異常というべきでしょう。防衛庁は、これをどうして公にしなかったのでしょうか？　多分同じ官庁組織だから運輸省に慮《おもんぱか》ったのではないでしょうか。

裁判で問題になった「ＦＤＲ」の記録も、笠松氏の「調査課」が提出したものだから、その信憑性も一段と疑わしくなります。そして『週刊文春』は「もう一つ、奇妙な事実」としてさらに次のような事実を付け加えています。

《笠松氏の現在の肩書きは、全日空総合安全推進委員会事務局長。ちょっと待っていただきたい。この肩書きは、全日空の航空機の安全に関する調査をする一方、航空機事故の裁判等に技術的なアドバイスをする……。同氏が運輸省を退官したのが昭和四十九年八月十九日。以後、まず全日空商事に入り、即日、全日空へ出向の形で現職に付き、昭和五十二年には全日空本社に入社している。

現在、進行中の裁判で、〝自衛隊黒〟のデータを提供した当の責任者が一方の当事者の全日空に天下りする――この構図はたとえていえば、検察官が弁護側に早変わりするようなものではあるまいか。

笠松氏はどう答えるか。

「う一ん。いわれてみれば、そう見えるかもしれませんなあ。ただ、私は、上司の山口真弘運輸省事故調査委員（当時）に勧められて、全日空へ行ったんです。食べることも考えねばなりませんのでね。

裁判が進行中といいましても、私の場合、資料は全部返してきましたし、聞かれてもたいした事は知りませんよ。

当時はいろんな航空事故が重なっていた時期なんで、私は雫石だけにかかわっていられない。現場調査も約一週間で帰ってきました。フライト・データ・レコーダー？　ああ、あれは部下がやったんじゃないのかなあ……。ただ、接待、会食の事実だけは絶対にありません！」

全日空側も、会食の件はやっきになって否定する。

「防衛庁から指摘されたのは、社内の事故調査団が現地に行った費用の分だけです。これは申し出により控除しましたけど、他にはありません」（河合匡四郎全日空総務部保険課長）

だが、奇妙なことに、笠松氏を全日空に紹介したという山口真弘氏（自動車事故対策センター理事長）は、その事実を全面的に否定した。

「ボクが笠松さんを全日空に紹介したって？　そんなことありませんよ。ボクは全日空に人脈なんてないし。天下りについてはどうも……」（山口氏）》

なんとも奇妙な話ではありませんか。語るに落ちるとはこのことをいうのでしょう。これでこの事故の調査はもとより、裁判も不明朗だった理由がよく理解できます。犠牲者には同情を禁じえません。

『週刊文春』はこう締めくくっています。

《裁判の一方の当事者、全日空若狭得治会長の、天下りに対する認識も非常に希薄である。

「笠松君がうちに入ったことの意味？　そんなこと考えてもみないですよ。彼は技術のエキスパート。運輸省でも古くなったんで、どっかでとってもらえんだろうかということになり、それでとった。裁判に彼は直接タッチしとらんよ。

大体、私は今でも全日空に過失はなかったと信じとる。自衛隊は否定するかもしれんが、全日空機を目標にしていたとしか考えられん」

（中略）

隈一尉に過失があったのかどうかは知らない。ただ**この裁判が一、二審を通じて非科学的で杜撰なものであったことだけは事実**である》

五、笠松好太郎氏と若狭得治会長

「週刊文春」は、笠松、若狭という二人の元運輸官僚が、全日空社を支配している事実を暴露しています。そこでまず笠松好太郎氏の人物像を別の資料から描写しておくことにします。

『真説・日本航空機事故簿』の著者、内藤一郎《ないとういちろう》氏は、昭和一九年京都帝大航空工学科卒、海軍技術中尉として任官し「景雲《けいうん》」などの開発・試作に携わり、戦後は航空大学校助教授、防衛庁技術研究本部に入り、一貫して新型機の開発・研究に携わった方で、私が立川の航空安全管理隊司令時代に講師として学生教育をお願いし、親しくしていただいていた専門家です。この著書でも多くの事故を分析しておられますが、雫石事故を、《法の名のもとに行われたあまりに理不尽で、かつあまりにも不合理である大いなる罪——真の正義に照らし合わせるならば、このことを大罪と断ぜずして他の何があろう——一人のパイロットから国家権力を持って翼をもぎ取り去るという天人ともに許されざる犯罪の犠牲者として、一等空尉隈多茂津が生じてしまったのである。彼こそは理由なきさばきの廷に人身御供として供された牡羊であった》と断じています。

そして検察も、裁判所も、法廷の場において彼らが生まれて初めて耳にする専門的な術語に出くわし、彼らの理解の度を越したが、しかしいやしくも法廷である。「彼らは日夜初めて耳にする日本語や英語の語句や表現を呪い続けつつ、必死に学習しなければならなかった」が、さすがは法曹界、司法人達、ようやく「それらを法廷で用いられる法律的表現に『翻訳』して理解するようになった」が、そうするとまことに困った事態が生じてしまった。

《**どちらが加害者でどちらが被害者か分からなくなってしまった**のである。この一種奇妙な法廷の空気が醸成されてきたのも至極当然な思考の結果だったといえよう。もともと自衛隊機が被害機に他ならず、一般の早とちりで被害を受けたと見られている加害機は、実は追突した全日空機以外の何物でもあり得なかったからであった。こうした奇妙な法廷の空気を反映するように、関係法曹人たちの間では「一体どちらが原告なんだ」とか、「これでは原告と被告とが取り違えられているんじゃないか？」と言った私語が交わされるうちはまだしも、法曹人たちの控え室での会話がこの疑問をあからさまに表現したものが次第に数を増してゆき、ついに法廷においてすら証人席に向かってこの種の意味の質問がなされるに及んで、事態は甚だ面倒なことになった。

この紛糾する法廷の由々しい事態についての陳述を行い、事情聴取されるという全くの貧乏役としか表現のしようのない立場に立たされることが多かったのが、笠松好太郎航空官であった》と、内藤氏は笠松氏の立場について同情しています。しかし、その笠松氏がなぜ全日空社に？

《彼笠松は大学の航空工学科を卒業する寸前に日本の航空界の敗戦による瓦解の憂き目に遭遇させられ、履修した専攻学科を活用するすべを失ったのであったが、技術畑の公務員として官界に身を投じ、我が国航空の再開をもっていち早く航空局員に転官した履歴を持つ。学級肌の技官であって操縦の経験皆無、運用実務の知識にもいまだ通暁には遠かったが、監督官庁たる航空局を代表して原告側証人としてたびたび法廷に出頭させられる運命となったのである。数少ない航空局技官のうちでは特に毛並みの良いエリートの一人、明日の技術部長と目されていた彼としては、当然負うべき役割ともいえた。

しかしながら、生来温和で寡黙な航空技術者の彼にとって、その証人台での片言節句が原告と被告の理非曲直に直結し、それぞれの思惑が渦巻く法廷審理の場で飛び交う論議への対処ほど過酷なものはおそらくなかったであろう。

彼もまた航空工学を専攻した技術者の一人として、空中追突に至るまでの両機の行動をすべて的確に理解し、把握するに至っていたはずである。その彼に対して証言内容に関しては居丈高に振舞う朝日新聞を最先端とするジャーナリズムの、今は世論操作の様相をあらわに露呈するにいたった論調が暗黙のうちにプレッシャーをかけることが果たして皆無であったろうか？

またこの立件をはじめから理不尽きわまることとしか受けとらなかった被告側からの、鬱積し切った憤怒も、心理的な重圧を及ぼすことがなかったであろうか？》

事故調査の責任者としては、それぞれの思惑と素人集団が集まった法廷審理の場で飛び交う論議に、当然プレッシャーを感じたことであったでしょう。しかし、運輸省の専門官ですからいかなる思惑にも振り回されることなく、事故の真因を突き止め、再発防止に全力を傾注すべき立場にあったのです。

それにしてはいささか〝プレッシャー〟に振り回されていたように私は感じられ、残念です。笠松氏は、疑惑を深める全日空に天下りをすることなく、中立の立場を貫くべきでした。

他方全日空社の最高責任者であった元運輸事務次官・若狭得治氏については、事故の真因に左右されることなく、公正な裁判を期待しつつも、会社の存立を危うくする障害を排除すべき立場にありました。即ち、国際線事業に乗り出し、宿敵日本航空と肩を並べ、一躍躍進すべき環境下にあった以上、被害は最小限度にとどめる必要があったのは理解できます。冒頭の『週刊新潮』が書いたように、巨額の補償金を支払う羽目になれば、彼の野望は挫折せざるを得ないからです。

事故処理とほぼ同時進行中であった「ロッキード事件」はともかく、少なくとも突発した雫石事故についてはそうであってもおかしくはなかったはずです。

その点では戦いを旨《むね》とすべき空自トップの方が部下を切り捨てる愚を犯し、若狭社長の判断に及ばない程ぶざまでしたから、彼の方が組織の責任者としてはむしろ「天晴れだ」と私は思っていたのです。

昭和六一年三月四日付の朝日新聞は、「全日空のドン」「ロッキード事件被告人」と題して、次のようなコラムを掲載しています。

《全日本空輸が三日から国際定期路線に進出し、日本の航空界に新しい時代の幕が開いた。折りしもロッキード事件から十年、若狭得治会長（当時は社長）はじめ幹部六人逮捕の大打撃を受け、しかも若狭会長が留任するという、大企業としては異例の体制を敷いたため、世間から厳しい批判を浴びた。「やくざ集団」とまで酷評されながら「若狭全日空」は、その後、日航幹部もうらやむほどの躍進を遂げたのはなぜなのか》というのですが、内容には首をかしげる箇所がいくつかあります。

まず全日空躍進の「最大の理由は、社員の危機感がうまく作用したことにある」として、《中堅社員の一人は「事件後は旅客数も減ったし、希望を持てる状態ではなかった。『このうえに万一事故を起こしたら、会社はつぶれる』という危機感が社員全体にみなぎった」と話す。（中略）パイロットも整備員も、事故防止のために、無給で時間外勤務した時期もあるという。この姿勢が四十六年七月、岩手県雫石上空で**自衛隊機に接触されて墜落した事故**を除けば、二十年近くも死亡事故ゼロを続けている秘密でもあるだろう。とはいえ、危機感だけで企業の団結が強まるものではないことは、全日空と同じく、トップがロ事件に関与した丸紅と比べるとよくわかる。丸紅との違いは若狭会長という団結の核として最適の人物がいた点だろう》と持ち上げ、中山素平《なかやまそへい》・日本興行銀行特別顧問の口を借りて、《刑事被告人になった人が企業の団結のシンボルになるなんて常識では考えられない。しかしそれが出来たのは、やはり彼の人柄による。無欲だし、生活はあきれるほどきれいだ。タイプは古いが、日本的リーダーの典型だから事件後も若狭体制が続くという異例なことが起きたのだろう》と〝絶賛〟しています。

私に言わせると、同じロッキード事件で悪評を買った丸紅は、「血縁関係」にある新聞社を持たなかったから、世評に対して一方的な防戦に努めるだけだったのであり、それは虚報を流され孤立無援だった防衛庁・空自と立場が似ていたと思います。つまり、たたかれても反撃手段がなかったのです。

中山氏の褒め言葉も、分析すれば全日空社は「やはり異常な企業形態だった」と言っているに等しいといえなくもないでしょう。全日空の当時社長であった若狭氏が「無欲できれいだった」かどうかは知りませんが、少なくとも組織が戦いに臨む場合は、「勝つこと」を最優先させる統率力が必要なのであって、その意味では彼はさすがは「やくざ集団」の親分だった！と評価できるでしょう。

他方、その集団と対決した我が〝クリーン〟な「武装集団」の方は、意志薄弱で統率力に欠けていましたから、組織全体が「戦う」という姿勢になく、一方的に押しまくられて敗北したのです。

ある空自OBは「普段から大言壮語、格調高く、理想的指揮統率のあるべき姿を唱えていた指揮官に限って、社会一般の常識から乖離し、責任を回避し、事態収拾が拙悪であり、部下の顰蹙をかう」と述懐しています。

勿論、荒井勇次郎司令のように、毅然として真実に立ち向かった方も多かったのですが、そのような〝サムライ〟は、所詮《しょせん》血を流す戦場ではない国内事故の場である以上、〝平和に馴染んだ〟官僚組織からは「トカゲの尻尾切り」同様に排除されやすいところがあります。むしろ、〝戦を忘れた〟組織である防衛庁では、自己保身や組織防衛をはかろうとする「小役人的」処世術に長けたタイプの人間が重宝される傾向があるといえます。つまり昇任の判断基準は、「事故の再発防止」や「正義感」ではなく、「損得勘定」と「保身」が優先される傾向が見えるからです。

六、全日空社の社長人事（若狭得治氏の別評価）

ところが朝日新聞が〝絶賛〟した若狭氏も、経済誌（『財界』村田博文《むらたひろふみ》主幹：一九九七年六月十日号）には「老害」等と酷評されています。

《トップ人事はスッキリと明朗に社内外のだれもが分かるようにすべき――。この原則から大分外れたのが全日空社長交代劇。名誉会長・若狭得治氏が〝実力〟を発揮したのに加え、長男を子会社社長に据えるとは老害批判も必定だ》とリードにあり、関係筋の評は、《八十二歳の名誉会長、若狭さん（得治氏）はさしずめ鄧小平さん。社長の普勝さん（清治氏）は小澤一郎さんと言うところかな。それぞれに個性派ですよ》

運輸省関係者は、《運輸省の規制を撤廃し、国際競争力をつけていくという普勝さんの考えはその通りだし、時代の流れで、運輸省も普勝さんの考え方を応援するほどにまでなっていた。あれほど強力な規制と行政指導で、民間航空会社の前に立ちはだかっていた運輸省がね……

（後略）》と評し、《次期の副社長人事をめぐり、名誉会長・若狭氏と会長・杉浦隆哉氏（共に運輸事務次官出身）と生え抜き社長の普勝氏は対立した。（中略）一本気な普勝氏は，自らが身を捨てることで、若狭、杉浦両氏にも退陣を要求する肚だったと言われる。しかし、結果的に、若狭、杉浦連合軍は、かって普勝氏のライバルであり、全日空ビルディング社長の吉川謙三氏を次期社長に据え、二人は留任した。

若狭、普勝両氏の主張がどうあれ、社内の混乱を世間にさらしたのは事実。「もう全日空の飛行機に乗りたくない」（某財界人）という反応まで出てきており、両氏の責任も重い。経営トップ陣の対立が、社内の不和、しこりとなって跳ね返ってくる（以下略）》

これを読むと、朝日新聞が絶賛した若狭氏はどこに行ったのだろうか？　と不思議な気がしますが、その手腕は衰えていないことが分かります。しかも、全日空という会社そのものが、運輸省の天下り先だったこともよく分かります。今だったら、こうはいかないでしょうが……。

『財界』誌は、続いて特別レポート「前代未聞の全日空社長・突如退任劇」を掲載しています。そこには前出の副社長人事をめぐる、どろどろした争いが詳しく描かれていますが、ここでは省略し、続く「全日空・権力構造の系譜」を取り上げます。

《全日空四十五年の歴史を語る上で特筆すべき人物が二人いる。初代社長の美土路《みどろ》昌一《まさいち》氏は別にして、二代目の故岡崎嘉平太《おかざきかへいた》氏と五代目の現名誉会長・若狭得治氏である。岡崎氏は全日空の草創期から、政府の特殊法人である日本航空に対抗して、新しい民間航空会社を育てていこうと言う在野精神の持ち主だった。その精神を受け継いだのは若狭氏である。周知のように若狭氏は運輸事務次官を務めているが、既に次官時代に岡崎氏から、社長含みでの入社を要請されていた。（略）

若狭氏は岡崎氏が期待したとおりの活躍で、運輸省時代に培ったネットワーク、政治力を発揮し、国内線を次々と拡大していった。……「私利私欲なく全日空に身を捧げる」が若狭氏の生き方だった。ロッキード事件に連座し、有罪判決を受けても社内での若狭氏の地位は揺るがなかった。岡崎氏と並んで「中興の祖」とされるゆえんだ》

運輸事務次官であった若狭氏は、全日空を育てる使命を帯びていたのですから、雫石事故で加害者側に立てば全ての野望が崩れ去りますから許されないことです。そのためには、政財界の強力なバックアップがあったのは当然でしょう。

《若狭氏以降、安西正道《あんざいまさみち》、中村大造《なかむらたいぞう》氏と運輸官僚が社長に就任するが、最高実力者は若狭氏であり、（副社長の）渡辺《わたなべ》（尚次《なおつぐ》）氏であった。その間、運輸次官経験者の住田正二《すみたしょうじ》氏が社長含みで顧問として入社したが、若狭氏らと衝突、経営方針の違いということで、全日空を去った経緯がある。この時、住田氏を招請したのが安西氏だったが、若狭・渡辺コンビの前では無力

に終わった》

このように全日空社の社長人事を見てみると、運輸省あっての全日空社だといえるでしょう。強力な運輸省の影は、法務省も無視できなかったでしょうから、裁判にも大きく影響したはずです。

第9章

情報戦に弱い航空自衛隊

一、不運な航空機事故多発と脇の甘さ

前述したように朝日新聞は、昭和六〇年二月一八日の「深層・真相」欄で、8ミリフィルムを取り上げて「全日空機のコース論争再燃」「『雫石事故』に新証拠—乗客撮影8ミリ」「防戦から攻勢へ防衛庁」「民事の過失責任からむ」のと見出しで詳しく報じました。

また、事故直後の七月三一日、朝日新聞の座談会の脇に、「日本の空」と題する連載第一回目が掲載されましたが、事故直後であるにもかかわらず、この日の朝日新聞の岡、並木両記者の論調は実に慎重かつ適切だった、と私は書きましたし、八月一日付の鈴木卓郎記者の「捜査難航は必至・科学論も法律論も」という署名入りの解説記事も公正な内容でした。

さらに盛岡地裁の判決後は、この事故に対してかなり疑問を呈する記事が目立つようになります。事故の背景が浮き彫りになりつつあったことと、事故直後の興奮から醒めた？　専門家達も、事故調査報告書に疑念を呈し始めたからでしょう。

しかし、事故直後に見られたような「正論」を、朝日新聞が引っ込め始めたのは「全日空と朝日の血族関係（若狭得治を入社させた美土路元社長は朝日出身、朝日の広岡社長は全日空の取締など）からの編集方針によるものかもしれないが、その他のマスコミは全日空得意の買収作戦にでも引っかかっていたのだろうか」と須藤氏が書いたように、全日空責任説を打ち消す

かのような際立った連携プレーが見られるようになります。

特に「8ミリフィルム問題」報道は、民事裁判の死命を制する恐れがあったから全日空側の巻き返しは当然で、朝日新聞社に重圧がかかったであろうと想像できます。冒頭の『週刊新潮』の記事で、「はっきり申上げますと、今頃、何故『朝日』であの8ミリの問題が取り上げられたのか分かりませんよ。田沢湖が映っている、いないの問題にせよ私は疑問を持っています。ともかく映像を見ればすぐ分かりますよ」と語った窪田陽一郎・法務課長の発言がそれを裏付けています。

記事公表後の六一年五月二八日には、東京高裁でロッキード事件若狭被告に判決が下されることになっていましたし、民事の高裁判決は四年後（平成元年五月九日に判決）に迫っていたのです。

つまり、全日空側としては、昭和六〇年二月一八日の8ミリフィルム報道で有利になった自衛隊側の信用をそれまでに何とか失墜させる必要があったものと見られます。そこで血族関係にある朝日は、何とかして「真相」欄の失態をカバーしようと懸命に自衛隊側のあら捜しを始めたように思われます。そしてその機会は意外に早く巡って来たのでした。

空自にとって〝不幸〟だったのは、この頃、事故や不祥事が連続していたことです。

昭和六〇年五月二八日午前一一時四〇分頃、沖縄県那覇空港で着陸滑走中の全日空B747機が、誘導路から離陸のため滑走路に進入してきた空自の救難捜索機MU2と接触事故を起こしました。

これは、救難緊急発進訓練のため特別有視界飛行許可を申請したMU2のパイロットが離陸許可を受けたものと勘違いして滑走路に進入したことが原因だとされましたが、直接の原因は地上管制官の行動監視不十分です。それはともかくなぜか事故調査報告書ではB747の機長は、接触寸前にMU2を発見して〝回避操作〟をしたということになったのですから、実に奇妙でした。

空幕広報室長だった私は、現地の飛行隊長などから詳細な報告を受け、空幕長の記者会見を準備したのですが、とにかく自衛隊機の一方的なミスだとして報道されたのです。相手が相手だったからか「第2の雫石か？」と一部記者にからかわれたものですが、詳細が判明するに連れてB747の機長は、全くMU2に気がついていないようでしたが、ここでも異常なほど〝自衛隊の犯罪〟にしようとする意図が目に付きました。それは事故調査報告書の中の接触事故後の管制官と機長の交信記録を見れば明白で、私はこれも「8ミリフィルム報道」にからんだ圧力が作用していると考えていました。

六一年二月六日、空幕長が交代しましたが、直後の一八日には入間基地でC1輸送機が、降雪のためフラップをあげていたまま離陸しようとして失敗大破し、六月には宮崎県新田原基地で、天候急変で代替基地の築城基地に向かったF4戦闘機二機が燃料切れで墜落、九月一日には千歳基地でF15が着陸直後右主脚折れでかく座、翌二日には再び新田原基地で飛行教導隊のT2がエンジン故障で墜落して飛行隊長が殉職、さらに四日には百里《ひゃくり》基地でスクランブル発進しようとしたF15の搭載ミサイルが不時発射されました。まるで悪魔に魅入られたかのような状況を見た栗原長官は、一〇月二日に全隊員に異例の全国放送をして「任務には臆するな」としつつも、強く「綱紀粛正」を指示したのです。

ところが、今度は二九日の全国紙が一斉に「自衛隊機で仲間激励会へ（朝日）」という、雫石事故の責任を取って退職した隈元一尉の激励会を取り上げ「公私混同事件」だと騒いだのです。

それまでの各種航空事故については弁解の余地はない、と私も思います。しかし、「公私混同事件」とされたこの問題については、その背景を少し分析する必要がありますから、事件概要を、昭和六一年一〇月二八日付の「自衛隊機で仲間激励会へ」「『雫石』の隊員執行猶予明け・全国から10機18人」という見出しの朝日新聞から分析します。

《岩手県雫石の上空で四十六年七月、全日空機と訓練中の自衛隊機が接触して全日空の乗員、乗客百六十二人全員が死亡した雫石事故で、指導教官として業務上過失致死罪に問われ、最高裁で執行猶予判決を受けた、当時の航空自衛隊松島派遣隊教官（一尉）、隈多茂津（くま・たもつ）さん（四六）の執行猶予明けに対する航空自衛隊関係者の激励会が二十五日夜、福岡市内であった。これに出席するため当時の同僚達が、自衛隊機を使って福岡空港に乗り付けていたことが明らかになった。

防衛庁航空幕僚監部によると、参加したのは千歳（北海道）、松島（宮城）、入間（埼玉）、小松（石川）、百里（茨城）、新田原（宮崎）、那覇（沖縄）まで全国七基地から十機のT－33練習機。搭乗二十人のうち十八人が激励会に出席した、という。その中には、新田原基地司令の友田勲空将補も含まれていた。激励会には計百三十人が出席。パイロットの親交団体「いちい会」春日支部が主催していた。同会は任意加盟で、激励会も私的な行事として実施された。集合したパイロットは、操縦技術を維持するための年次飛行を理由にしたのが二機だった。年次飛行の場合、パイロット資格のある四十六歳以上は年間四十時間、それ以下の場合は年間六十時間の飛行を義務づけられている。行き先については本人の自由に任せている。

航空幕僚監部副長の谷篤空将は「春日支部から全国のパイロットに出席要請の連絡があったらしい。訓練の延長線上で激励会に出たのは、判断が甘かった、と言われても仕方がない。各基地の上司も、隈さんの激励会に出席するのを承知していて飛行許可をしていたとみられる」

と語った。

隈元教官は、最高裁判決が出された五八年十月、自衛隊員としての欠格理由に当たる、として失職。退職金は支払われておらず、現在は福岡市内で飲食店をやっているという》

この記事に続いて次のような官房長官談話が出ています。

1986年(昭和61年)10月28日　火曜日　朝日

自衛隊機で仲間激励会へ

「雫石」の隊員 執行猶予明け　全国から10機18人

岩手県雫石の上空で四十六年七月、全日空機と訓練中の自衛隊機が接触して全日空の乗員、乗客百六十二人全員が死亡した雫石事故で、指導教官として業務上過失致死罪に問われ、最高裁で執行猶予判決を受けた、当時の航空自衛隊松島派遣隊教官（一尉）、隈太茂津（くま・たもつ）さん(62)の執行猶予明けに対する航空自衛隊関係者の激励会が二十五日夜、福岡市内であった。これに出席するため当時の同僚たちが、自衛隊機を使って福岡空港に乗りつけていたことが明らかになった。

防衛庁航空幕僚監部によると、参加したのは千歳（北海道）、松島（宮城）、入間（埼玉）、小松（石川）、百里（茨城）、新田原（宮崎）、那覇（沖縄）まで全国七基地から十機のT33練習機。搭乗二十人のうち十八人が激励会に出席した、という。その中には、新田原基地司令の友田勲空将補も含まれていた。激励会には計百三十人が出席。パイロットの親交団体「いちいち会」春日支部が主催していた。同会は任意加盟で、激励会も私的な行事として実施された。

集合したパイロットは、操縦技術を維持するための年次飛行を理由としたのが八機、事務連絡などの要務飛行を理由に、飛来したのが二機だった。年次飛行の場合、パイロット資格のある四十六歳以上は年間四十時間、それ以下の場合は年間六十時間の飛行を義務づけられている。行き先については本人の自由に任せている。

航空幕僚監部副長の谷篤志空将は「春日支部から全国のパイロットに出席要請の連絡があったらしい。訓練の延長線上で激励会に出たのは、判断が甘かった、といわれても仕方がない。各基地の上司も、隈さんの激励会に出席するのを承知していて飛行許可をしていたとみられる」と語った。

隈元教官は、最高裁判決が出された五十八年十月、自衛隊員としての欠格理由に当たる、として失職。退職金は支払われておらず、現在は福岡市内で飲食店をやっているという。

あり得ない、と確信　官房長官

後藤田官房長官は二十七日の記者会見で、福岡市で開かれた雫石事故関係者の激励会に出席のため自衛隊関係者が自衛隊機を利用した問題について「自衛隊の飛行機を個人的に使用したり、上司に許可なく使用するなどのことはあり得ない、と確信している。（その対応については）自衛隊の調査結果を待ちたい」と述べた。

福岡空港に着陸した自衛隊練習機＝25日午後、福岡市博多区で

朝日新聞、昭和六一年一〇月二八日付

《後藤田官房長官は二十七日の記者会見で、福岡市内で開かれた雫石事故関係者の激励会に出席のため自衛隊関係者が自衛隊機を利用した問題について「自衛隊の飛行機を個人的に使用したり、上司に許可なく使用

するなどのことはありえない、と確信している。（その対応については）自衛隊の調査結果を待ちたい」と述べた》

そしてここがポイントなのですが、朝日の記事に「福岡空港に着陸した自衛隊練習機＝25日午後、福岡市博多区で」というキャプションつきの写真が掲載されていたことです。

読売の記事は「隈元一尉（雫石事故被告）〝猶予明け祝い〟!?」「自衛隊ジェット10機飛来」「全国7基地から福岡に」「励ます会二十八人が出席「私的利用」と調査」とあり掲載写真は「同型機」です。

サンケイは比較的小さく「航空自衛隊パイロット・練習機を〝私的利用〟?」「隈元一尉（雫石事故の編隊長）の激励会に出席」とあり、写真はありません。

毎日新聞は二九日付の社説に「改めて自衛隊の規律を問う」と題して、「公私混同も甚だしい」「大空を我が庭のように、抑圧されない心で飛べなくては、本当の空の守りもできないだろう」が、「こうした配慮を前提としても、今回の一部パイロット達の行動は、言語道断であり、決して見逃せない」

「雫石事故は、多くの国民の生命を失わせた自衛隊機と全日空機の空中衝突事故であり、当時の増原防衛庁長官は引責辞任したくらいである。指導教官である隈多茂津・元一尉は刑事責任を問われた。その執行猶予が明けたと励ますことのどこがパイロットの再教育になると言うのか。常識では理解できない」と、当時井戸剛教授を使って常識外れの非難をしたことを忘れたかのように書いたばかりか、「先の大戦でわが国を危機に陥れたのは、日本軍隊の腐敗も、大きな一因であった」などと、自社の浅海記者が〝戦意高揚〟目的で書いた「百人斬り虚偽報道」には口を閉ざす無責任な論を展開しました。

しかし、極めつけはやはり朝日新聞でした。

朝日は翌二九日の社説で「常識を忘れた航空自衛隊」との題の下、《使用したのが練習機といえども軍事的には立派な『実力』の一つ。それを一度に十機、しかも同一空港に集結させることが、どういう意味を持つのか、どういう印象を国民に与えるのか、当事者は考えなかったのか》

《雫石事故との関連で、最高裁から有罪判決を受けた相手の執行猶予が明けたのを激励し、再出発を祝うのは分からないではないが問題はそのやり方だ》と非難し、《また、全日空が国を相手取って起こしている民事訴訟のほうは、いまも東京高裁で審理中である。雫石事故はまだ完全に終わってはいない。そうしたことを考える時、かつての仲間を励ますといっても、一応の節度があってしかるべき……で、遺族に対しても非礼であろう。こんなことは、世間では常識に属することであり、……どうして航空自衛隊でこんな非常識がまかり通るのか。……こういう一種の思いあがり、エリート意識が今回の事件につながっているとすれば、問題の根は深い。自衛隊員は、なによりもまず常識をたっとぶ人間でなければならない》と非難しました。

これは先の「8ミリフィルム」報道で「血縁関係」にある全日空社を窮地に陥れた罪滅ぼし記事で、明らかに控えている民事法廷を意識している社説です。そしてこの〝事件〟は、雫石裁判のその後に決定的な悪影響を及ぼし、空自は二度目の〝敗戦〟をこうむった、と私は思っています。

一一月二一日、栗原防衛庁長官は、空幕長ら四二人に及ぶ前代未聞の処罰を公表しましたが、いわゆる私服組である矢崎新二《やざきしんじ》事務次官、依田智治《よだともはる》教育訓練局長、松本宗和《まつもとむねかず》人事局長が含まれていましたから、空自「制服組」の一部に、「ご迷惑をおかけした！」という慙愧《ざんき》心が芽生えるに至り、事故続きの空自制服組は、私服組に頭が上がらなくなったのです。この〝降って湧いたような〟事件の背景には、実は次のような信じ難い空自側の無警戒と、一部メディアの見事な連係プレーがあったのです。

二、巧妙な朝日の連係プレイ

縷々述べてきたように、雫石事故は当初の段階から空自側は「全日空機の追突によるもの」と断定していました。しかも、臨時空域内に侵入していたであろうことも推察できていました。

しかし、前述した政治工作？　からか、当事者罰ではなく、離れて指導していた教官が有罪になるという、支離滅裂な結果になったのですから納得できないのは当然でした。つまり、隈一尉は組織の犠牲者「スケープ・ゴート」的立場だと空自隊員たちは認識していたのです。故に彼の激励会は、福岡空港に駆けつけた十機、一八人だけではなく、空自全体で激励しよう、という動きさえあったのです……。

朝日の記事が二五日に行われた「激励会」を三日遅れの二八日に報じた理由は何か？　これには二つの理由があると、当時私は聞いています。

一つは「パイロットの美談として取り上げて欲しい」と空自高官が報道記者に語ったが、記者は「世間的には〝前科者〟なのだから、美談とはいえない」と苦言を呈したという説です。そしてこれを知った朝日新聞記者は、直ちに激励会が行われる福岡の系列会社・九州朝日放送に伝え、カメラマンが福岡空港で待ち伏せたというのです。当初は「ガセ」だと思っていたカメラマンは、T33が次々に飛来してくるので小躍りして撮影したばかりか、激励会場に潜入して場内風景まで収録しました。そして、万全の証拠資料が揃ったところで、後藤田官房長官、栗原防衛庁長官に取材、当初は「ありえないと確信している」と語った後藤田長官も栗原長官も、〝証拠〟のVTRを見せられ「公私混同でしょう？」と追及され、遂に「認めざるを得なかった」というのが真相だというのです。

実は教導隊のT2墜落で、T2、F1型機を一番多く抱える三沢の第三航空団飛行群司令であった私は、事故の詳細を掴もうとT2機種転換教育の長距離航法訓練を利用して新田原基地を訪問して、事故原因を収集し部隊に指示して処置させ、仕事が済んだ後に古巣である築城基地に飛び、地上から激励会場に出向きました。参加者は私服ですから識別できません。私は会場の隅で全般状況を観察していたのですが、どうも脇が甘いような気がして不安でした。

会が始まり西空司令官が挨拶しましたが、奥歯に物が挟まったような内容だったので、限一尉の同期生で彼の弁護に全身全霊を尽くして支援していた菅三佐が、突如壇上に上がってマイクを取ると、「司令官の可もなく不可もない話に付け加える」として事件の真相の一部を解説しました。

空将の後に三佐が「補足発言」したのは前代未聞でした。会場は緊張しましたが、そんなことがあった後、司会者が突如「三沢からこられた」として私を壇上に呼んだのです。固辞できなかったので登壇して「朝日新聞記者のおかげで三沢の飛行群司令になれた前広報室長の佐藤です」と切り出すと会場は爆笑。そこで「この中に朝日の記者さんはいないでしょうね〜。変な記事を書いたら全てばらしますよ〜」と意識的に湧かせつつ壇上から会場内を見渡したのですが、その時はカメラマンの姿は見当たらなかったのです。ところが二八日の記事が出た時、各地から電話があり、「会場でカメラを回している九州朝日放送の記者を見た」と聞いたので、万事休すだ！　と思ったものです。

その証拠が「福岡空港に着陸した自衛隊練習機＝25日午後、福岡市博多区で」というキャプションつきの写真です。このカメラマンは、翌年の新聞週間に「報道写真大賞」を貰ったのですが、「たまたま現場にいましたが、次々に飛来するので思わずカメラを回しました……」という感想を述べていましたから、「白々しい、そこまでやるか！」と逆に感心したことを覚えています。

二つ目の裏話は、「最近のパイロットは生意気だからたたいてくれ」と、パイロットではない別の高官が某紙記者に依頼したというものです。にわかには信じ難いのですが、実は航空会社の地上勤務員と空中勤務員の対立ほどではないにしても、空自内部においてもパイロットとノン・パイロットとの間には壁があったのです。給料（危険手当）の差もありましたがパイロットはいわば空自の〃花形〃ともてはやされていた？　からか、それともエルミネートされた個人的恨みなのかもしれません。そこでパイロットをたたく「空自高官のお墨付き」を得たメディアは、こぞって「公私混同」だとたたいたというのですが、当時は信じられなかったものです。ところが、この〃事件〃で全国の飛行部隊長が六本木に集合しました。そこで参加者を処罰する理由で侃々諤々《かんかんがくがく》の討議が展開されたようですが、ノン・パイロットの一高官が「パイロットは生意気だ」と苦言を呈し、それをノン・パイロットの空幕長が追認したから大勢は決定した、というのです。

会議に参加した上司から聞いた私は、直接「処罰」を申請しました。T33の年次飛行を利用して激励会に出たのではなかったのですが、組織の犠牲となって退職した同僚・隈君に対して申し訳が立たなかったし、事実私も「激励会に出席した」からです。

時の上司は「中央の指示を待とう」と言ったのですが、私はすぐに中央に掛け合って、処罰名簿に私を追加するように申請しました。そして処罰理由の内容次第では、人事不服委員会に提訴することも考えていたのですが、一一月二一日に、急に上司に呼ばれ次のような内容の「注意書」を手渡されました。

「下記の規律違反があり、訓戒等に関する訓令第二条第二項に該当すると認められるので、今後再びこのようなことのない様に注意する」とあり、「記」として、「昭和六一年一〇月二五日（土）福岡市内で行われた『隈元一尉の激励会』に操縦者が航法訓練の機会を利用して参加した事案に関し、所定の訓練目的達成後の課業時間外における行動とはいえ、飛行（旅行）計画立案段階において、会合への参加を考慮していたことは、自ら公私を峻別《しゅんべつ》して飛行計画を立案すべき上級の操縦幹部として、判断に適正を欠くものであった」とありました。

三、空自の人的変遷と世代交代

実はこの頃、空自は大きな人的転換期にあったといっても過言ではなかったのです。それは次のような歴代空幕長の就任状況を見れば歴然としています。

昭和二七年七月一日に創設された空自の初代空幕長は上村健太郎《うえむらけんたろう》空将で、戦前は内務官僚・特別高等警察出身、戦後は運輸省航空局長という官僚でした。彼は後に空自が「戦闘機をもつ集団とは知らなかった」と回顧しています。退官後は昭和三七年三月二〇日から、四一年四月三〇日までの間、日本道路公団の第二代総裁でした。

第二代になってようやくその道のプロとも言うべき海兵五〇期の佐薙毅《さなぎさだむ》空将がつき、第三代に海兵五二期の源田実《げんだみのる》空将が就任しました。しかし、四代に陸士三九期の松田武《まつだたけし》、五代に同四四期の浦茂《うらしげる》、六代に四三期の牟田弘国《むたひろくに》、七代に四五期の大室孟《おおむろつよし》、八代も四六期の緒方景俊《おがたかげとし》、そして九代が雫石事故で辞職した四九期の上田泰弘《うえだやすひろ》、十代が事故後副長から昇任した五〇期の石川貫之《いしかわつらゆき》、十一代が五一期の白川元春《しらかわもとはる》空将と旧陸軍出身者が続き、十二代に海軍機関学校四九期の角田義隆《つのだよしたか》、十三代目が海兵六九期の平野晃《ひらのあきら》、十四代に陸士五五期の竹田五郎《たけだごろう》、十五代に海兵七一期の山田良一《やまだりょういち》、十六代に陸士五八期の生田目修《なまためおさむ》、そして十七代目が陸士六〇期卒で〝最後の旧軍出身者〟と言われた森繁弘《もりしげひろし》空将でした。

こうして空幕長人事は旧軍出身者から戦後育ちへの転換期を迎えたのですが、その筆頭が副長から昇任した大村平《おおむらひとし》空将で、彼は戦後の東京工大卒でしたが幼年学校にも在籍しましたから、ちょうど端境期《はざかい》の人事だったといっていいでしょう。そして戦後創設された防衛大卒業者にバトンタッチされるのですが、この時点では第一期生は空将に昇任したばかりでしたから、それまでの間は「一般大学出身者」が〝つなぐ〟必要があり少なくとも大村空将のあと一人は一般大卒が出る予定でした。

ところが連続した航空事故の責任を取って予定者であった松尾航空総隊司令官が辞任したため人事が狂ったのです。そんな「どろどろした」動きが部隊にも伝わっていた時でしたから士気高揚もままならず、事故が多発したのだと私は思っています。そしてついに「公私混同事件」という朝日の宣伝戦に破れた空自は、有利であったはずの雫石事件の民事裁判までも不利な流れに乗せられたのでした。

広報室長を更迭されてはるか三沢からこの一部始終を観察していた私は、戦闘を旨とするべき「戦闘集団」の「民間に劣る」拙劣な戦いぶりに切歯扼腕していたものです。

その点では、「岡目八目」とでもいうべきか、むしろ渦中にあった防衛庁や空自よりも、民間の雫石事故支援団体の方が真実を掴んでいて、昭和五一年五月一五日に、松島基地が所在する矢本町《やもと》（現東松島市）に、町会議員有志などが中心になって「隈一尉・市川二曹を守る会」が組織され、六月八日には仙台市に「隈一尉と市川二曹を励ます会」が誕生しました。両組織はその後活発な支援活動を続け、二ヶ月足らずで町の総人口二万三〇〇〇人（当時）中、一万二〇〇〇名の署名を集めています。仙台の方は、会社社長・柴律之氏が主宰し、伊沢平勝・仙台商工会議所会頭、衆議院議員・伊藤宗一郎氏などが参加しました。このように事故の真相を知った地元市民達が、積極的な支援活動を行っていたのですが、判決を覆すまでには至らなかったのです。

この事故（事件）は、個人を犠牲にしたものではなく、国家防衛の基本に結びつくものだと深く憂慮した有志たちは「雫石事故真相究明協会」なる組織を立ち上げて再審請求しようとしたのですが、その趣意書には雫石事故の裁判の概要を列挙した後に、こうありました。

《以上が雫石航空事故裁判の概要であるが、この事件は単なる殺人事件とは異なり、わが国の防衛、航空行政の根幹に関わる重大事件であって、これら裁判官のかかる過った根本認識は絶対に許容できず、このまま安易に決着させることは著しく社会正義に反するのみならず、日本の将来に重大な禍根を残すことになる。

雫石航空事故真相究明協会は、ことの重大性に鑑み、この事故の真相をさらに究明し、この裁判の再審を請求して、その真実を明らかにせんとするものである。同憂の志は積極的に本協会に加入して本事件の重大性と真相を正しく認識するとともに、本協会の目的達成のために、積極的なご支援、ご協力を切に望むものである》

しかし、肝心要の隈一尉が再審請求を辞退しました。彼も彼の家族も長期にわたる裁判に疲れきっていたのです。恐らく石井光次郎氏から聞いた〝政界の裏話〟で再審請求しても勝ち目がないと観念していたのでしょうが、空自にこれ以上の負担をかけたくないと思っていたのも事実です。

私は翻意《ほんい》を促《うなが》したのですが、彼の決意は固く、退官後、同級生会の二次会で彼と中洲のスナックに立ち寄ると、カウンターに並んで私の肩に手をまわして、「俺たちパイロットの苦労は誰も理解してくれはせん。空のことは飛んだ者にしか絶対に分からんよナ〜。同じパイロットの貴様にしか分かってもらえん。もうよか、疲れた、俺は一人で胸にしまいこんで逝《い》くケン」と言ったものです。

事故発生以来、同期の菅正昭三佐は、家庭を犠牲にして彼を支援しました。彼がいなかったら、隈一尉も最後まで戦うことは出来なかっただろうと思います。

国家組織である防衛庁・自衛隊は、同じ国家組織である法務省の〝指導下〟にあるような状態で、外部から観察していた須藤氏らが、《この事故の裁判で注目すべき点の一つは、刑事事件では〝国〟（検察庁）が「事故原因は一方的に自衛隊機側にある」といっているのに、民事では同じ〝国〟（防衛庁と法務省）が「事故の原因は全日空機側の一方的なミスにある」と、正反対の主張をしていることである》と書いているように、国の機関内での判断がねじれていたことです。そしてさらに「国策捜査」ともいうべき「政治的意図」がからんでいたのですから、官僚達の腰が定まらないのも当然でした。

四、心を打った菅三佐の檄文

家庭も私的感情も時間も投げ打って同期・隈一尉に献身した菅三佐は「ステイ・ウイズ・リーダー」を最後まで実行した男でした。空自パイロットは、編隊長が山に突っ込めば、僚機も同時に突っ込むという編隊精神を絶対的なものと信じて行動しています。検事や裁判官という空中行動を理解できない全くの素人たちを相手に、彼はもどかしい思いをし続けていました。その彼が、第一審判決後、同僚と後輩諸君へと題して配った檄には彼の真情がにじみ出ていますから、全文掲載しておきたいと思います。

《飛ばんとす　翼日の丸　春の風

昭和五十年三月十一日夜、七・三〇事件の第一審判決を受けた後で主任弁護人山崎清氏が「松島基地へ」と題して読まれた句であります。山崎氏は、この句を手渡して下されながら、しみじみとそしてきっぱりとこう言われました。「知る人ぞ知る。君たち自衛官を見ている人は見ているのだ」と。

思えば三年半前の八月、轟々たるマスコミの非難と、感情に激しい遺族、冷たい世論、そして身内である筈の自衛隊すら隈、市川両君を責めるが如き談話を発表していた状況にあった時、弁護団は毅然と弁護を引き受けられてから判決のこの日まで、自衛隊の訓練の正当性を認めつつ隈、市川両君の無罪を主張し続けてこられました。弁護団にとって空中衝突事件は全く不慣れなものであり、また、海外に例を捜しても空中衝突事故を刑事裁判で裁いた判例もなく、全く零から出発されたのです。そして政府事故調査を基にした検察官の主張を見事に論破してくれたのであります。

この三年半の間、弁護団の損得ぬきの活躍に接して、しみじみと心を打たれたのは、「知る人ぞ知る」という方々の有難さと大切さであります。事故直後の混乱した中で、隈、市川両君へ差し入れに行っていた頃、四面楚歌の盛岡警察署でほんとに金もなく困っていた時でした。東京の松重光雄氏から、隈、市川両君に十万円ずつ送られてきたのです。この時の嬉しさと感激は一生忘れることはできません。マスコミや心無き一部の者が何を言おうと、「見ている人は見ているんだ」ということを信じつつ我々は、日の丸をつけて飛び立たなければならないと思うのです。

この三年半の年月は、過ぎ去ってしまえば短いような気がします。しかし隈、市川両君とそのご家族にとって、決して短い年月ではなかったのです。隈君の長女は、あの年の十二月に誕生し今三歳四ヶ月になりました。長男は今年小学校に入学し、四歳の次男は下の女の子を連れて、泥んこ遊びをしています。外ではめったに泣きません。隈君のご両親は博多に住んでいます。この三年半の間めっきり白髪が増えました。判決を聞かれた後、「泣きたくとも泣けない立場ですから……」と一言ぽつりと漏らされました。市川2曹の同期生は、3尉に任官し、松島基地で四名、教官として活躍しています。判決のあった夜、市川君の家族は、「あの時死んだつもりになれば、これからだって我慢できる。とにかくお前（市川）がしっかりしなければ、俺たちも参ってしまうんだからな」と市川君に話していました。そして、隈、市川両君の心境は次の通りです。

『私たちは、国民の負託に答えるべく、一回一回の飛行訓練に命をかけて日夜努力をかさねてきました。また、市川も私の命令に忠実に従い、訓練生として精一杯の努力をしてきたのであります。もし市川に責任ありとすれば、その責任は指揮官である私が負うべきものであると確信しております。今回の判決では、残念にもこのことを認めてもらえませんでした。（中略）一六二名の方々が亡くなられたことや、遺族の方々の悲しみに対しては、私の一生を通じて償いをしなければならないことだと考えております』（隈君の陳述から）

『直接、全日空機と接触した私にとって、その結果の重大性と、亡くなられた方々への〝申し訳ない〟という気持ちは、三年半経った現在も、また将来においても全く変わりなく、一生背負っていくべきものと深く考えています。当時まで私は、ただひたすら教官の命ずるままに最大の努力をして訓練を続けておりました。今でも正しいことだと信じています。今後、遠い将来にわたって何も出来ないかもしれません。しかし、何か出来る時がくれば私の生命を投げうってもこの償いを果たしたいと思っています』(市川君の陳述から)

隈、市川両君は休職中の身であり、ただひたすら謹慎の日々を送っている。また、ご家族は泣きたくとも泣けない毎日であるという。そしてこれから第二審、上告と遥かな年月にむかって耐え忍ぼうと決心している。何のために？　……何を希望として？　……耐えていこうとしているのか。

隈君の奥さんは、《二度と同じような事故が起こらないようにしてください。隈もそれだけを願っているようですし、私たちも最後までついていきます。どんなに辛かろうと、これしかありませんもの》と話している。この言葉の裏にあるものは、第二の隈、市川を出してくれるな、という願望であり、裁判というものの重圧を直接経験した上での切々たる訴えであろうと思う。

第一審において有罪判決を受けた現在、我々は改めて昭和四十六年の七月、八月の頃を思い起こさねばならない。捏造されたマスコミ情報とこれに便乗した一部のジャーナリストの煽動によって、隈、市川両君に対する非難は轟々たるものであった。彼らは与えられた任務を遂行するために命令に従い、ただひたすら懸命に努力し、命をかけて訓練を続けていたものであり、何ら非難を受ける謂われはなかったはずである。任務遂行中に事故を起こした場合、そこに重大明白な規律違反が認められない限り、隊員個人を犯罪者に仕立て上げるようなことは絶対にあってはならないのであって、事故原因など不明な段階においては、任務遂行を命じた行政者や組織が、まず矢面に立ち毅然とした態度で訓練の必要性を主張し、自衛隊の存在理念を世に問いただすことこそ条理であろう。然るに法体系の不備や国民のコンセンサス不測などを理由にして「今は状況が悪い、なるべく穏便に」と処置し、結果に対する責任を「当事者罰」として当座をしのいでいる。

「当事者罰」とする風潮が我々の中に定着してしまったなら「危険を顧みず」に任務遂行することの尊厳さはどうなってしまうのだろうか。この「尊厳」こそ、日ごろの訓練を通じて養われるものであり、いざという時にはじめて開花するものであろう。これをみずから放棄するようなやり方は、真に国を思う者の為すべきことではないと確信する。

思えば自衛隊が国の独立と平和を守ることを任務とし存在するのは、選挙を通じて明らかになった国民多数の合意の上にあるのであって、マスコミや一部のジャーナリストのためにあるのではないはずである。ならば任務遂行のために必要な激しい訓練を強いているのも国民の意思であり、これに従って隊員が訓練に没頭することは当然のことである。これは誉められこそすれ非難されることではない。

これらの事情は本件事故にとって最も有利となるべきことなのに、逆に激しく責められている。この背景になっていることについては既に述べたようにマスコミや世論そして事故発生時の自衛隊の初動など色々あると思われるが、我々は、これらの背景や圧力に惑わされることなく、真実を見つめつつ、隈、市川君を支援することによって、訓練の正当性を世に正し、我々の明日を確立すると共に、わが国の将来のための礎となろうではないか》

この檄文を読んだ時、私は戦後創立された自衛隊という「軍隊モドキ」の実情と将来を喝破《かっぱ》していると感心したものです。これほどの名文を起草できる将官はどれほどいるだろうか？とも思ったものでした。菅三佐が指摘したとおりの事象が未だに絶えないという事実は、政府と国家機関の怠惰《たいだ》の証明にほかならないでしょう。

他方、犠牲になった全日空機の川西機長の家庭の方も、隈・市川君同様、気の毒でした。第一審判決後に川西機長夫人は次のように語っています。

《主人の無過失は今も確信しています。だが、亡くなられた乗客の遺族の方々には、申し訳ない気持ちでいっぱいです。裁判長が言われたように、航空行政を確立して空の安全をはかって欲しい（五〇年三月一一日付朝日夕刊）》

《自衛隊機は今でも憎いと思います。だが今日の判決を聞いて、何か虚しさがこみ上げてきました。なくなった人たちが戻ってくるわけではないのですから。ただ、夫に過失が無かったと

いうことを裁判官の口から聞きたかったのです（同日付産経新聞夕刊）》
《長男亮一君（一五）は、四月から高校生になる。中学一年の次男茂君（一三）小学一年の三男秀人君（七つ）。上二人の子供は、父親のことを良く覚えている――「お父さんは何も悪くなかったんだ」と言う亮一君。その彼の将来の夢は、民間航空のパイロットになることだ……（同日付読売夕刊）》

隈一尉の家族も川西機長の家族も、もとより一六二名の犠牲者も、共に「国策捜査」と遅れていた航空行政の犠牲者だったといえるでしょうが、特に川西夫人は、営利主義企業の犠牲者でもありました。おそらく夫人は、事故報道と裁判を通じて、被告に対する憎しみが先行し、かつては陸上自衛隊幹部夫人であったにもかかわらず「自衛隊機は今でも憎い」と発言する立場になったのでしょう。

このような哀しみの陰に隠れて、自己保身に走った政治家や一部官僚達、そして自社の立場を有利にすべく、首相候補者に献金した会社幹部達の罪は万死《ばんし》に値するといわねばならないと思います。

川西亮一君の将来の夢は「民間航空のパイロットになること」でしたが、その後彼は昭和五六年三月に航空自衛隊に入隊しています。残念ながらパイロットには進めなかったようですが、府中にある管制気象団の気象通信隊に勤務していました。入隊の動機には「空が好きだから」とあったので、父親に憧れていたのでしょう。

しかし、五七年四月に突然「母と弟の面倒を見るため」と言って退職願を提出しました。隊長は母親とよく相談して進路を決めるように指導したのですが、一週間後に母親が来隊して「就職も内定したので本人の希望どおり退職させて欲しい」と言い、就職先は全日空の子会社だと告げました。自衛隊側はこの時初めて母親が川西機長夫人だと知ったのですが、夫人は隊長に「自衛隊は恨んでいない」と言ったといいます。広報室長時代にこれを知った私は、何とも悲しい話だ、と思ったものです。元空自隊員である亮一君が今も元気に過ごしていれば良いのですが……。

エピローグ

平成一七年八月一〇日午前、「昨日、多茂津が癌で死によった……」と福岡の同級生から電話がありました。多忙にかまけて、彼が癌で臥《ふ》せっていたことを全く知らなかったのです。

平成二〇年の連休過ぎ、今度はメールに「四月二六日に菅正昭が肺癌で死んだ」という通知が来ました。退官の挨拶状には、単身山形県の山奥、最上《もがみ》町に住み、「山女《やまめ》の養殖でもするから、うまくいったら遊びに来てくれ。旨い酒で語り明かそう」と添え書きにありましたから、松島基地司令時代に山越えして何とか会いに行こうとしたのですが、なかなか時間が取れませんでした。そこへいきなり沖縄への転勤命令、私は「退官したら必ず行くから」と彼に言ったものの、時間が取れないまま打ち過ぎていきました。元気にやっていると年賀状にはありましたが、これまた突然の訃報でした。

彼の半生は「雫石事件」と共にあり、全精力を使い果たしたのでしょう。退官後の彼は、まさに達観した〝仙人〟の境地ではなかったか？　と思います。

平成二一年二月一七日に、今度は尊敬する黒田《くろだ》勲《いさお》元空将が死去されたとFAXが入りました。現役時代はもとより、退官後もTFOS（航空運航システム研究会）などを通じてご指導いただきました。

この事件を纏《まと》めるため、いろいろと裏話を含めてお話を伺っていた最中で、メールで問い合わせると、丁寧なご返事が来ていたから油断していました。黒田元空将は北大医学部卒、昭和三二年一二月一日に公募医官として空自に入隊され、事故当時は立川の医学実験隊第一部長であり、運輸省航空局の技術部乗員課と事故調査課の運輸技官を兼務していました。

昭和四六年七月三〇日、この日黒田氏は、八月一五日に行われる北大医学部卒業二〇周年記念式典に参加する仲間から、旧盆で航空券入手が困難なので何とかして欲しいと依頼され、顔見知りの全日空重役に頼んでいましたが、その航空券を受け取るため全日空社の役員受付にいた、といいます。

羽田沖の事故調査後だったから午後二時少し前に出向いたそうですが、いつまでも待たされる。そこへ航空券を持って来た社員から「とうとうやってしまった……。オタクの戦闘機と衝突したので早く戻ったほうが良いですよ」と言われて驚いた。当時の事故調査課長は笠松好太郎氏で、運輸省も蜂の巣をつついたような騒ぎだった、と思い出話をして下さったものです。

事故直後の八月一日に、浜松の飛行安全幹部課程に講師として来隊された黒田氏は、松島で隈一尉の記者会見に立会い、記者団から非難の罵声《ばせい》を浴びせられて帰ってきた荒井勇次郎団司令に会った時「古武士のような方だったが、あまりにもお気の毒で遠くから見ていた」とも話してくれました。

その〝古武士のような〟荒井勇次郎元団司令は、我が家近くの養護老人ホームに入られ、

「ぜひ昔話がしたい」と言われるので三回ほど訪問してお話を伺う機会があったのですが、ご高齢にもかかわらず頭脳明晰《めいせき》、矍鑠《かくしゃく》としておられ、私と〝会談〟するのを楽しみにしておられました。

三回目の会談を終えたところで私が体調を崩して入院し、退院後お訪ねしたら平成二〇年七月一八日に亡くなっておられたので大変ショックを受けました。

事故直後、「防衛庁富士連絡本部」が富士市役所内に設置され、浜松基地や静浜基地から第一次支援隊員が富士市に派遣されました。しかし、遺族などから「人殺し！」「税金泥棒！」「お前らも死んでしまえ！」などと罵詈《ばり》雑言《ぞうごん》を浴びせられ、水をかけられたり塩をまかれたり、土下座させられるので、部隊では若い隊員達には酷だと判断され、教官や一曹など人生経験がある隊員を集め、私も八〇名余の第二次派遣隊の一人として出発しましたが、その時荒井団司令が「忍び難きを忍び、耐え難きを耐えよ」と沈痛な面持ちで訓辞されたことが忘れられません。

私が立川の航空安全管理隊司令の時、退官した空幕長が全日空社常勤顧問に就任したとの挨拶状が届きました。雫石事件から既に二〇年余、月日は流れたものだ……と、感慨と驚きを覚えたものですが、各地から特に航空学生出身ＯＢから、「防大卒の空幕長はとんでもないことをしてくれた」と不満の声が寄せられたのです。雫石事件の怨念の深さを痛感する出来事でしたが、事故の真相が覆い隠されて、被害者であるはずの隈一尉が犠牲になったのに、組織としての対応が不十分で不満が鬱積していることを改めて認識したものです。つまりこの事件は多くの仲間達が「一将功なりて万骨枯る」事案だと受け止めていたからでしょう。その上福岡で、隈一尉の激励会に出席した仲間達が、「公私混同飛行」という名目で大量に処罰されたのですから、菅三佐の檄文同様、翼を連ねて国家防衛のために生死を共にしてきたと自負している彼らがそう思ったとしても不思議ではありませんでした。

「今やあれから二〇年余経つ。いつまでも江戸の仇《かたき》……ではあるまい。恩讐《おんしゅう》の彼方にという言葉もあるではないか」と私が苦し紛れに答えると、「よくそんなことが言えたもんだ。あんたからそう言われるとは思ってもいなかった。ならば防大出のお偉いさん達に教えておこう。この世には『軍門に下る』という言葉もあるのだ。忘れるなよ」と電話を切られたのです。

私だって挨拶状を見て「寄りによってどうして？」と〃天下りを許した〃組織の判断を疑ったのが率直な気持ちでしたし、その後防衛庁高官からも「海や陸だったらまだしも……。さすがは猪突猛進、支離滅裂な空自ですね！」と言われて返答に窮したものです。

おそらく、〃天下り〃されたOBも、全日空社の一員となってみて始めて、その根の深さを目の当たりにして相当なストレスを感じつつ過ごされたのではなかったのでしょうか？　そしてその後二人目のノン・パイロットOBが「常勤顧問」に就任、「軍門に下った」ことが既成事実化しています。

当時は、事故調査も始まっていないうちから、時のパイロットである空幕副長自らが「部下のミス」だと公表し，ノン・パイロットの上田空幕長を辞職させた本人がその後に座るという人事に現場は怒りに震えたものでした。

「雫石事件」とはそんな事件だったのですから、隈一尉を激励しようと純粋な気持ちで仲間が集まった激励会が「公私混同事件」に発展すると、中央で計画されていた激励会はうやむやになり、福岡に駆けつけた若手だけが処罰されるという、理不尽とも思える対応ぶりに不満が鬱積していたので、彼らはその行き場のない憤懣を私に伝えてきたのでしょう。ところがその私までが「優等生的回答」をしたものですから、彼らの怒りに火が付いたのだと思っています。

隈一尉に執行猶予をつけた最高裁さえも、判決理由の中で**「隈被告一人に責任を押し付けるのは酷にすぎる」**とまで言い切っているのです。つまり、判決は、**「本来自衛隊自体が負うべき刑事責任を近代個人責任主義を建前とする刑法上止むを得ず隈氏一人に刑事責任を負わせたのだ」**と暗に言っていたのです。事故の真因は別にしてこの最高裁判示を素直に受け止めれば、隈一尉の執行猶予明けという機会を捉えて、罪を一身に負った彼に対し、組織として深謝し励ますべきは、人の道にかなった行為だというべきでしょう。それが出来なかったこの組織に対して、私は「人事不服委員会」で追及したいと思っていたのですが……。

昭和六〇年八月十二日、私が空幕広報室長の時、日航機が御巣鷹山に墜落し五二〇名もの乗員乗客が亡くなりました。この時現場に駆けつけて懸命に捜索活動を行った自衛隊員に向かって、「位置特定が遅い」「夜は飛べない自衛隊」などと「自衛隊の捜索救難活動」を非難し、中には「自衛隊機が日航機の垂直尾翼にロケットを打ち込んだ」とか、「空自の標的機（ファイヤビー）が、衝突したのだ」と言うデマがマスコミでまことしやかに報道されたことがありました。

そこで私が「言われなき非難に反論」し、売り言葉に買い言葉で、文の一部に「雫石事故」について所信を述べたところ、全日空社と血縁関係にある「朝日新聞」記者が直ちに反応してこの部分を削除せよと迫り、国会で「問題」になると脅迫したのです。

これに萎縮したノン・パイロットの高官から訂正するよう指示されましたが、私は拒否しました。この時私は、雫石事件当時の空幕内もこうであったのか、と再現ＶＴＲを見ているような気分でした。

「組織に降りかかる火の粉を払った」と意識していた私が、どういうわけか上司から緘口令《かんこうれい》が出され、広報室長であるにもかかわらず、自衛隊の活動に対する非難などにその後対応できなくなり、翌年三月突然三沢に転勤になったのでした。

しかし、二七年前の日航機墜落事故で犠牲になったご遺族達は、空の安全を願って「8・12連絡会」を立ち上げています。

産経新聞の「話しの肖像画」欄（二二年八月三日〜五日）に連絡会の事務局長、美谷島邦子さんがインタビューを受けていますが、当時九歳だった小学三年生の健ちゃんを亡くした悲しみをこう語っています。

《9歳で、しかも一人旅立った健。「ダッチロールの32分間」がどんなに怖かったかと想像すると、私の胸は張り裂けそうになる。「助けてあげる術が本当になかったのだろうか」と後悔し、最後を共にできなかった自分を責め続けていた》

《事故から5年がすぎたある日のこと。前橋に出かけるため乗ろうとした新幹線を見て「健は乗り物が大好きだったけど、この新幹線は二階建てで健の知らない新型だ」と思いながら「健ちゃん、ママと一緒に乗ろうね」とつぶやくと突然、健が心の中に入ってきた》

《昭和61年4月12日、日航ジャンボ機墜落事故の遺族で作る「8・12連絡会」は日航、ボーイング社、運輸省（現・国土交通省）の幹部を業務上過失致死傷罪などで告訴した。告訴・告発は計5回、計3万4138人が名を連ねた。しかし群馬県警が書類送検した関係者も含め、全員が不起訴処分となった》——奇しくも冤罪が証明された菅家さんと同じ群馬県警です……。

《残された私達は、520人が一番言いたかったこと、つまり事故原因を解明し、同じ悲劇を

繰り返さないよう再発防止を訴えていくこと。これが最大の絆になると考えた》
《原因を究明したい。会社に再発防止策を早く講じて欲しい。個人の責任だけではなく、企業や行政の責任を問いたい。失敗からできるだけ多くを学んで欲しい。これが遺族の切実な思い。みな遺族として納得できる事故調査を求めていた》

これに対して記者が、《事故調査というとどうしても警察や検察による個人の刑事責任の追及が優先され、事故原因や事故の背景にある問題点が見えにくくなります》と聞くと美谷島さんはこう答えます。《日航機事故は平成2年8月に公訴時効を迎え、当時、遺族が集まってよく話をした。刑事責任の追及は事故の原因究明にあまり役立たない。逆に支障になっているのではないか。多くの人がかかわっている場合、その人がやったかを特定するのは難しいし、個人の刑事責任を追及しても原因究明にはつながらない。原因究明に欠く事ができないのは、当事者にありのままを語ってもらうことだけど、刑事責任を追及されるという恐怖感がある。だからアメリカのような免責をとらないとだめではないか。こうした意見が出されたが、やはり**刑事責任追及ではなく、安全のための再発防止が大切だと思う**》

ここに事故調査の原点があります。罪を追及するあまり、木を見て森を見ない状態が生じてしまうのです。本書で私が言いたかったことはその一点に尽きます。

縷々書いてきたように、雫石事件は「冤罪事件」化しているのですが、誰もそれを追及しようともしませんでした。いや、真相は判明していたにもかかわらず、公表もされないまま打ち捨てられているのです。そこで私はこれを「雫石事故」ではなく「雫石事件」と呼んできたのです。

そしてこの事件は、いまや当事者である空自内部でも正しく継承されることなく、単に一部の憤懣や反省、というよりも「自虐的罪悪感」が継承されてきたのですが、そこへ降って湧いたように、正論を吐いた田母神《たもがみ》航空幕僚長更迭事件が起きました。これも発端は懸賞論文提出を「届け出なかった」という些細《ささい》なものでしたが、いつの間にか「村山談話非難」問題に掏り替えられ、空幕長として不適切だとして時の総理から不名誉な退職を強要されました。最高幹部でさえも〝憲法違反の身〟故か、犯罪者並みに扱われるのです。

しかしその後の経過を見れば、明らかに国民は「真実」を求めているのです。特に自衛隊という武装集団内部で今何が起きているのか、一朝有事の際に、本当にこの組織は国民を守ってくれるのかどうか、国民は知りたがっていると思うのです。でもご安心あれ！　東日本大震災で健全であることが証明されました。不健全だったのはどこか？　それは皆さんのご想像に任せます。

冒頭に紹介したように、今でも雫石事故は〝優速の〟全日空機に、〝劣速の〟自衛隊戦闘機が進路を妨害した上「体当たりしたものだ」と大半の国民が信じ込まされています。それは肝心要の防衛省・空自自身が、あらゆる機会をとらえてこの事故の真実を積極的に「解説」しなかったからでしょう。そこで私は、今まで集めていた膨大な量の雫石事件関連資料を整理し、真相追求よりも自己保身が優先した調査で、冤罪がまかり通り犠牲者が浮かばれていない現状に警鐘を鳴らしてみたまでです。

あとがき

専門的な航空用語と、不慣れな裁判用語等、事故の経緯とその過程を分かりやすく説明しようとして、いささか冗長になった感がありますが、その点は勘弁願います。

この事件が悪しき前例となって、その後「なだしお」事件等、自衛隊が関わる事故にどのような影響を与えてきたのか、それが国家防衛にどれほどの悪影響を与えているのか、事実関係を国民にぜひとも知って欲しいと思います。強力な武器を預かっている「自衛隊」が、国民に信頼されないことは不幸です。ましてや「シビリアン・コントロール」を標榜《ひょうぼう》する政治家やメディアが、自衛隊を〝犯罪者扱い〟して恥じないのは正常ではないでしょう。

今回の「高速バス事故」でも雫石事件同様「危険性は十年前から行政管理庁が指摘」していました。運転手は「日雇い」でしたし過労だったようですが「なだしお事故」で潜水艦に衝突した釣り船の経営会社は赤字経営だったため、一ヶ月前に雇われた船長はこの航海を最後に降りる意向でしたし、川西機長も昼食抜きという過酷な勤務ぶりでした。

このようにその後の各種事故に共通する事故・事件が昭和四六年に既に起きていたのであり、国が業務改善を強力に指導していれば犠牲者はもっと減らせただろうと思うのです。

繰り返しますが、「航空事故調査」の目的は、美谷島さんが語っているように、「事故に至った可能性のある原因と、事故の再発防止を行いうる対策について調査を行うこと」であり、昭和四八年に運輸大臣直属の機関として設置された事故調査委員会は「航空機事故について利害関係のない委員によって構成され、他の機関から干渉を受けずに調査活動が出来る」ものでなければならないのです。

今大問題になっている検察不祥事事件についても、平成二一年三月二二日の産経新聞に、井口デジタル編成本部長が、元取締官で刑事だったA氏の警告を次のように書いています。

《皆が『これがホシだ』と思い込んだときが実は危険なのです。流れが出来ると、細かな疑問は置き去りにされる。それにこだわる者は疎ましがられる。しかし刑事は嫌われるのを恐れてはいけない。捜査を誤ることの方が、失うものがはるかに多いのですから》。

《不祥事防止が優先され、一連の警察不祥事から今度は取調官が監視される時代である。十二人もの無罪を出した鹿児島の選挙違反捜査だ。この事件で刑事達は、捜査方針への疑問を感じながらも口にしなかった。上司の不興を買い、人事に響くのを恐れたためだ。取調官の目も機能せず、防波堤にはならなかった。その結果、捜査は信頼を失い……『捜査を誤って失うものの方がはるかに多い』というA刑事の警告が現実になった》

雫石事件に関する当時の事故調査、捜査活動、そして裁判も、事故直後から自衛隊が〝犯人〟であると決め付けた政治家と、メディアの宣伝が先行しました。

さらに「訴訟を審理して、罪となるかならないかを法律を適用して定める」べき「裁判」は、「正義の最後のとりで」ですから、裁判官が「無知や未体験であることを理由に」曖昧な根拠で他人を裁く権利はないのです。誤解を恐れずに言わせてもらうならば、「無理が通れば道理引っ込む」事故調査や裁判であっては絶対にならないのです。ましてや「国家権力」（というよりもむしろ己の保身なのですが）をちらつかせた圧力に屈して良いはずはありません。

雫石事件を裁いた、当時の検事や裁判官に良心があれば、その真相を知って忸怩《じくじ》たる思いだったことでしょう。軍刑法がない我が国においては止むを得なかった点もあったでしょうが、当時の法の番人達も、おそらく何かの圧力に屈した〝一時的良心喪失状態〟だったのではないか？　と私は思っています。それとも雫石事件は「刑事事件」と「民事事件」で〝ねじれ現象〟を生じましたから、同じ法務省内の刑事部と民事部間の単なる「勝ち負けゲーム」だったのでしょうか？

まさか、犠牲者や被告の人生などどうでも良く、ヘリ墜落事故直後に見られた海保のように、単にキャリア官僚間の面子《めんつ》をかけた「部局間のゲーム」に過ぎなかったとは思いたくありません。

雫石事件は、ずさんな事故調査と三次元の世界を全く知らない〝素人裁判官〟、さらに政治的圧力からか、官民癒着した捜査？　で正義が捻《ね》じ曲げられた事例であり、しかも〝物言わぬ〟自衛隊だから、マスコミもたたくだけたたいて真相を追求しなかったことによる「冤罪」だったのです。

死人に口なし、その上犠牲になるのはどうせ「憲法違反のノンキャリ自衛官達」に過ぎない……と考えて、関係者達が真実を曲げたわけではないと私は信じたいのです……。


「人見て善しとすれども、神見て善からずという事を為さず」と熊沢蕃山《くまざわばんざん》は言っています。「人を相手にせず、天を相手にせよ。天を相手にして己を尽くし、人を咎《とが》めず、我が誠の足らざるを尋ぬべし」と西郷隆盛は遺訓に残しました。

未熟な私に、他を非難する資格はありませんが、この事件に関わった方々の多くは既に鬼籍に入られましたし、将来ある多くの方々が、無念の気持ちを胸に秘めて去っていかれましたが、それは自衛隊のみならず、良心ある政官界関係者も、そして相対した全日空関係者もそうであったろうと思います。

現世ではつねに公平な裁きが行われるとは限らない。しかし、せめて天の裁きは公平であって欲しいものです。

何はともあれ、「軍人」として不名誉のまま逝った仲間に対しては、何とかしてその名誉を回復してやるのが、残された者の務めであると私は信じています。組織の一部の関係者などに対して、厳しい表現をした点は、あくまでもこの事故の真相究明と隠された事実究明のための一環であって、個人を「誹謗中傷」するのが目的ではなかったことを改めてお断りしておきます。

今回も、草稿に目を通された青林堂の代表取締役・蟹江磐彦氏から「空自の汚名を挽回しましょう」と、三年余も温めてきた原稿が世に出る機会を与えていただき、渡辺レイ子取締役からは「字数にこだわらず、思いのたけを書いてください」と言われ痛く感激しました。深く感謝申し上げます。

現世で争ったこれら関係者達が、黄泉《よみ》の世界で一堂に会した時、どんな話になるか……。いずれ私もその仲間に入るわけですから、隈君と菅君に報告した後、改めて皆さんにインタビューするのが楽しみです。

平成二四年五月八日修正（平成二一年三月二二日原議）

参考文献等

一『ジェット・ルートJ11L〈全日空・自衛隊機空中接触事故の真相〉』須藤朔著・企画戦史刊行会：白金書房
二、『恐怖の空中接触事故〈空の旅は安全か⁉〉』須藤朔・阪本太朗共著：圭文社
三、『検証・雫石航空事故〈自衛隊戦闘機の背後から全日空旅客機が追突―これが真相だ〉』小澤甚一郎著〈非売品〉
四、『追突〈雫石航空事故の真実〉』足立東著：日本評論社
五、『空は危険がいっぱい』奥宮正武著：毎日新聞社
六、『セイフティ・ラスト〈空の旅は安全ではない！〉』ブライアン・パワーウォーターズ著：須藤朔訳：白金書房
七、『マッハの恐怖』『続・マッハの恐怖』柳田邦男著：フジ出版社
八、『真説・日本航空機事故簿』内藤一郎著：亜紀書房
九、『墜落の背景』山本善明著：講談社
十、『壊れた尾翼』加藤寛一郎著：技報堂出版
十一、『自衛隊よ胸を張れ』松原正：地球社

十二、『生還への飛行』　加藤寛一郎：講談社
十三、『なぜ空に安全はないのか』
J・ゴッドソン　松本治夫訳　南波辰夫監修：フジ出版社
十四、『航空実用辞典』　日本航空広報部編：朝日ソノラマ
十五、『防衛庁＝自民党＝航空疑獄〈政争と商戦の戦後史〉』　室生忠著：三一書房
十六、『ロッキード事件〈葬られた真実〉』　平野貞夫著：講談社
十七、『幻の防衛道路〈官僚支配の「防衛政策」〉』　樋口恒晴著：かや書房
十八、『国家の罠〈外務省のラスプーチンと呼ばれて〉』　佐藤優著：新潮社
十九、『反転〈闇社会の守護神と呼ばれて〉』　田中森一著：幻冬舎
二十、『裁判官が日本を滅ぼす』　門田隆将：新潮社
二一、『「週刊新潮」が報じたスキャンダル戦後史』　新潮社編
二二、『全日空機遭難事故記録』　雫石町　昭和四八年七月三〇日発行
二三、『昭和戦後史（下）――崩壊する経済大国』　古川隆久著：講談社
二四、『温故知新（雫石事件の回想）』　清志会回想録作成委員会（非売品）
二五、「事故調査報告書」「判決文」その他、新聞：朝日・読売・毎日・産経・西日本・フクニチ各紙。月刊誌『財界』『テーミス』。週刊誌：『週刊文春』『週刊新潮』など

佐藤　守（さとう まもる）

1939年、樺太生まれ。防衛大学校卒業後、航空自衛隊へ入隊。戦闘機パイロットに。第3航空団司令、航空教育集団司令部幕僚長、第4航空団司令、南西航空混成団司令などを歴任。97年、空将で退官。総飛行時間、約3,800時間。著書に『実録　自衛隊パイロットたちが接近遭遇したUFO』（講談社）、『金正日は日本人だった』（同）、『国際軍事関係論』（かや書房）、『日本の空を誰が守るのか』（双葉新書）、『ジェットパイロットが体験した超科学現象』（青林堂）。

自衛隊の「犯罪」雫石事件の真相！

平成24年7月17日　初版発行

著　　者　佐藤　守

発 行 人　蟹江磐彦

発 行 所　株式会社 青林堂
〒150-0002　東京都渋谷区渋谷3-7-6
TEL 03-5468-7769

印 刷 所　株式会社 シナノパブリッシングプレス

ブックデザイン／吉名　昌（はんぺんデザイン）
協力／株式会社スピーチバルーン
DTP／有限会社 天龍社

ISBN978-4-7926-0451-6 C0030

http://www.garo.co.jp

戦闘機パイロットの佐藤守元空将が綴る非科学的物語

ジェットパイロットが体験した超科学現象

自衛隊内で今も語り継がれる超科学的現象、
公にされる事のなかったエピソードが本書で明らかに。
元空将が経験した「英霊の声」とは。

著：佐藤　守
四六判／上製
定価／1680円（税込）

まんがで読む古事記

神道文化賞受賞！

古事記の入門書に最適

漫画界の巨匠、久松文雄がライフワークとして挑む、
日本最古の歴史書・古事記全編のまんが化！
誰にでもわかりやすく、簡単に読める古事記の入門書です。

著：久松文雄
一巻～四巻　定価／980円（税込）